인생 명저 시리즈 3권

제목:세상을 통찰하는 책들

읽을수록 인생이 깊어지는 지혜의 지도

<u>이 시리즈는 10년 전 출간되어, 지금은 절판으로 구할
수 없는 책의 개정 증보판입니다.</u>

 3년 동안 1만 권의 책을 읽어 상상도 하지 못했던 작가의 삶을 살고
있는 김병완 작가가 EBS FM 고전 읽기에 매주 고정 출연하면서, 한
주에 한 권의 인생 명저를 읽고 그 책을 통해 인생의 지혜를 배우고, 위
대한 질문을 던지며, 한 마디의 문장으로 요약하고, 그 책을 통해 다른
명저로 넘나들면서 책에 대한 인식을 확장시켰던 바로 그 코너, ' 김
병완의 고전불패' 코너를 진행하면서 입체적인 시각으로 살펴보았던
명저들에 대해, 방송에서 시간상 밝히지 못했던 이야기를 작은 소책자
세 권으로 하나의 시리즈로 엮었습니다. 바로 [인생 명저 시리즈]입니
다. 이 시리즈의 첫 번째 책은 인생을 바꾸는 책들 _ 인생 명저는 결코
우리를 배신하지 않는다 이며, 두 번째 책은 인간을 깨우는 책들 _ 문
학ㆍ역사ㆍ철학 속에서 삶의 본질을 묻다 이며, 세 번째 책은 세상을
통찰하는 책들 _ 읽을수록 인생이 깊어지는 지혜의 지도입니다. 이 시
리즈는 [김병완의 고전불패]의 개정 증보판입니다.

"한 권의 위대한 책은 한 인간을 바꾸고, 한 시대를 일깨운다."

프롤로그 _ 인생 명저를 가까이하는 자는 절대 망하지 않는다

"나는 단 한 권의 책으로 완전히 바뀌었다."

책은 인간의 운명을 바꾼다. 한 문장이 인생을 멈추게 하고, 한 구절이 삶의 방향을 돌려놓는다. 세상을 바꾸는 힘은 언제나 위대한 한 권의 책에서 시작되었다. 니체는 말했다. "책이란 얼어붙은 바다를 깨는 도끼여야 한다."

그 한 문장은 내 심장을 꿰뚫었다. 나는 도끼를 찾아 나섰다. 그리고 직장을 내려놓았다. 삼성전자의 연구원이었던 나는 세상의 논리를 버리고, 3년 동안 1만 권의 책을 읽었다.

그 시간은 나에게 내면의 혁명이었다.

그때 나는 깨달았다. 많이 읽는 것이 아니라, 제대로 읽는 것이 인생을 바꾼다. 한 권의 명저는 백 권의 평범한 책보다 더 깊은 울림을 준다. 그 울림이 영혼을 깨우고,

잠든 사유를 깨운다.

"한 권의 위대한 책은 한 인간을 바꾸고, 한 시대를 일깨운다."

책이 인간을 일깨우고, 깨어난 인간이 세상을 바꾼다. 그러니 책이 곧 혁명이며, 명저가 곧 진리다.

책을 많이 읽는 것보다 더 중요한 것은 무엇을 읽느냐이다. 세상에는 수없이 많은 책이 있지만, 그중 인간의 영혼을 흔드는 책은 드물다. 그 책들은 단순한 지식이 아니라 인생을 바꾸는 힘을 가지고 있다. 나는 그런 책들을 '인생 명저(名著)'라 부른다.

삼성전자의 연구원이었던 나는 어느 날 모든 것을 멈추었다. 그리고 3년 동안 오직 책만 읽었다. 1만 권의 책 속에서 나는 깨달았다.

"인생을 바꾸는 것은 양(量)이 아니라 깊이(深)다."

그 깊이를 만들어주는 것이 바로 인생 명저다.

EBS FM 「고전읽기」의 '김병완의 고전불패' 코너에서 나는 매주 한 권의 인생 명저를 통해 인간의 본질과 삶의 지혜를 탐구했다.

홍루몽에서는 인간의 욕망과 허무를, 페르 귄트에서는 자신이 되는 모험을, 꿈의 해석에서는 무의식의 세계를, 카라마조프가의 형제들에서는 인간의 죄와 구원의 경계를, 호밀밭의 파수꾼에서는 가식과 위선 속에서도 순수를 지키려는 외침을, 그리스인 조르바에서는 얽매이지 않는 자유의 영혼을, 캉디드에서는 세상을 바꾸기보다 자신을 바로 세우는 지혜를, 월든과 시민의 불복종에서는 고독 속의 각성과 양심의 자유를, 사기열전에서는 치욕을 넘어 위대함으로 나아가는 인간의 의지를 보았다.

그 20분의 방송은 내게 또 다른 인생 수업이었다.

명저를 읽는다는 것은 단순히 '지식을 얻는 일'이 아니다. 그것은 '삶을 다시 살아보는 일'이며, '생각의 구조를 새롭게 짜는 일'이다. 명저는 인간의 내면을 일깨우고, 혼란스러운 시대 속에서 방향을 잡게 한다.

이 책은 EBS에서 다루었던 수많은 인생 명저 중 특히 내 삶을 뒤흔들었던 책들을 다시 모아 쓴 것이다. 방송에서 미처 다 전하지 못한 이야기, 책과 책을 연결하며 얻은 통찰, 그리고 명저가 내게 던진 깊은 질문들을 담았다.

명저는 인간을 변화시킨다. 그것은 세월이 흘러도 결코 낡지 않는 이유다. 인생이 흔들릴 때, 명저는 다시 중심을 잡아준다. 삶이 무너질 때, 명저는 다시 길을 열어준다.

한 가지 분명한 사실은 세상에 공짜는 없다는 것이다. 즉 인생을 바꾸는 인생 명저는 절대 쉽지 않다는 사실이다. 난해하고, 읽기 힘들다. 이것이 팩트다.

읽는다는 것은 해체하는 일이고, 해석한다는 것은 다시 태어나는 일이었다. 나는 매주 한 권의 책 속에서 죽고 다시 태어났다. 괴테는 『파우스트』에서 말했다.

"인간은 끊임없이 노력하는 한 방황한다." 그 방황이

야말로 성장이고, 그 성장이야말로 깨달음이다.

명저는 바로 그 영혼의 방황을 정당화하는 빛이다. 그 빛을 따라가면 길이 되고, 그 길을 걷다 보면 자신을 만나게 된다.

" 책을 읽는 일은 단순한 행위가 아니다. 그것은 자신의 무지를 정면으로 마주하는 용기이며, 한 인간이 다시 태어나는 통과의례다."

명저는 인간의 내면을 발가벗기고, 그 속의 진실을 보게 한다. 괴로워도 끝까지 읽어야 한다. 이해되지 않아도 붙잡아야 한다. 그 끝에서 당신은 새로운 자신을 만나게 된다. 명저는 결국 영혼의 거울이다. 그 거울을 통해 사람은 자신을 비로소 본다.

이 책은 그런 명저들과의 대화록이다. 수많은 책 중에서도 인생의 본질을 꿰뚫는 문장들, 시대를 넘어 인간의 진실을 말한 저자들, 그들의 숨결을 한 자 한 자 담았다. 책은 인간의 삶을 비추는 빛이다. 그 빛을 잃지 않은 자만이 어둠 속에서도 자신의 길을 잃지 않는다.

그래서 나는 확신한다.

인생 명저를 가까이하는 자는 절대 망하지 않는다.

목차

- 월든의 꼬리에 꼬리 물기
- 시민의 불복종 깊게 천천히 읽기
- 우리는 먼저 인간이어야 한다.

제3장. 어떻게 살아가야 할까? _ 사기열전

- 세계인의 고전 사기에 대해서
- 역사를 안다는 것은 인생을 두 배로 사는 것이다.
- 치욕 속에서 대작은 탄생한다.
- 천하 경영의 왕도가 담겨 있다.
- 냉혹한 세상에서 자신을 지켜 내는 지혜를 갖추다.
- 마음속에 맺힌 울분을 토로하기 위해 [사기]를
  짓다.

에필로그 _ 흐르는 시간을 가볍게 보내지 마라.

" 그러자 마르탱이 말했다.

' 추론을 그만두고 일합시다. 일을 하는 것만이 삶을 견딜만하게 만드는 유일한 방법인 것 같습니다.' " <

206쪽, 캉디드 마지막 부분 >

제1장. 자신의 인생은 자신이 개척해야 한다. _ 캉디드.

" 그러자 마르탱이 말했다.

' 추론을 그만두고 일합시다. 일을 하는 것만이 삶을 견딜만하게 만드는 유일한 방법인 것 같습니다.' " < 206쪽, 캉디드 마지막 부분 >

" 캉디드가 이렇게 대답했다.

' 참으로 명언이긴 하지만 이제는 우리의 밭을 가꾸어야 합니다.' "

< 207쪽, 캉디드 마지막 부분 >

– 가장 익살스러운 하지만 철학적인 소설

세상을 몰라도 너무 모르는 유순하고 고지식하고 순박한 청년이 있었다. 바로 이 책의 주인공인 '캉디드'다.

' 순진한' '순박한' '천진하다' '순진하다'
라는 뜻의 불어를 이용하여 캉디드라는 이름을 가진 이
소년이 독일 베스트팔렌 지방의 '툰더 텐 트롱크' 남
작의 성에 살고 있었다.

 '용모만 보아도 부드러운 품성을 지닌 그의 영혼을 그
대로 알 수 있을 듯했다. 그는 아주 순수한 마음과 제법
바른 판단력을 지니고 있었다. 그의 이름을 '캉디드 '
라고 부르게 된 것은 바로 그런 이유 때문인 것 같다.'
< 캉디드 도입부, 3쪽 >

이 책은 한 마디로 가장 익살스러운 풍자 소설이다. 필
자가 지하철을 타고 매일 도서관에 출근 했다고 퇴근할
때 읽었던 소설 중에 하나가 바로 이 책이다.

 그런데 이 책을 읽다가 너무 웃겨서, 지하철에서 박장대
소한 적이 적지 않았기에 도저히 잊을 수 없는 소설 중에
하나가 되었던 것이다.

하지만 무조건 가장 익살스러운 풍자 소설로만 치부해서는 절대 안 된다. 이 책은 그 어떤 심오한 철학책보다도 더 심오한 철학적인 이야기를 담고 있다.

그래서 겉으로는 웃으면서도 속으로는 울어야 하는 그런 책이다. 또한 이 책은 가벼우면서도 무거운 책이고, 비현실적인 책이면서도 가장 현실적인 책이다.

이 책은 이 세상을 과연 어떤 시각으로 봐야 할 것인가에 대한 논의가 담겨 있다. 쉽게 말해 세상은 정말로 살만한 것인지 아니면 정말 살기 힘든 곳인지에 대해서 말이다.

당신은 어떤가?

18세기를 대표하는 인물, 즉 계몽주의를 대표하는 인물인 볼테르는 세상에서 가장 익살스럽고 풍자가 가득한 소설을 탄생시켰다.

이 책은 한 마디로 비관주의 소설도 아니고, 그렇다고 해서 낙천주의 소설도 아니다. 이 책은 이 두 가지 요소를 다 갖추고 있으면서도 하나를 전적으로 맹신하게 하지 않는다.

 이 책의 주인공인 캉디드는 낙천주의를 증명해 보이기 위해 고군분투 하지만 모든 것들이 비관주의가 옳다고 말하고 있는 듯하다. 만나는 사람마다, 경험하는 일마다 온통 비관주의를 옹호하고 있다.

 하지만 좀 더 크게 보면, 비관주의를 옹호하는 것도, 낙관주의를 옹호하는 것도 아니라는 사실을 알게 된다. 볼테르가 말해 주고자 하는 것은 근거 없는, 검증 없는 낙천주의였다. 그리고 이것은 비관주의의 옹호도 아니면, 낙천주의의 무조건적 비판도 아니다.

 팡글로스 선생처럼 ' 세상은 만사형통한다.' 가 아니라, 만사형통하도록 스스로 만들어 나가야 한다는 것을 보여주는 것이 이 책이 아닐까?

 이 책은 낙천적 세계관을 조소하고 풍자하는 철학적 콩트의 대표작이라고 할 만하다.

어떤 사람이라도 염세 사상에 빠져서는 안 되며, 우리의 미래와 사회는 우리 스스로 개척해 나가야 한다는 계몽 정신과 개척 정신을 이 책은 담고 있다. 풍자를 통해 웃음을 선사하고, 웃음을 통해 지성에 호소하고, 지성을 통해 사회와 미래를 스스로 개척해 나가도록 명쾌하고 신랄하게 빠른 템포의 문체로 이야기를 이끌어 나가는 박진감 넘치는 전형적인 볼테르만의 풍자 소설이다.

– 융합과 통합의 천재 _ 볼테르

" 나는 현재를 즐긴다.
나는 자유의 한 가운데에서 평화롭게
내 삶을 마치리라.

나는 언제나 자유를 숭배했고,
삶에 충실하지 못했다.

나는 나의 실수를 바로 잡았다.

나는 내가 내 삶을 위해 사는 날에만
진정한 행복을 알 뿐이었다. "

볼테르가 남긴 말이다. 그는 누구나 다 알고 있듯이 18세기 인물이다. 그리고 그는 프랑스 계몽주의 사상가이다. 이 책은 그의 대표작이라고 할 수 있다.

볼테르가 이렇게 심오하면서도 위대한 작품을 남길 수 있었던 이유는 무엇일까?

그의 남다른 경험과 삶이 고스란히 좋은 공부가 되어 주었기 때문이라고 필자는 생각한다.

평범한 사람이라면 겪지 않을 감옥에 2번이나 투옥되었고, 심지어 그는 영국으로 망명을 가서 3년 정도 망명 생활을 하기도 한다. 그의 인생을 한 마디로 정의하자면, '저항과 자유'이다.

그는 평생 무엇인가에 대한 저항으로 점철된 인생을 살았다. 그래서 니체는 그는 '가장 위대한 정신의 해방자'라고 그를 자신의 책 < 인간적인 너무나도 인간적인 > (1878) 권두에 표현했을지도 모른다.

섭정에 대한 풍자시를 발표한 것 때문에 바스티유 감옥에서 11개월 동안 감금당해야 했던 볼테르는 비로소 저항 정신을 배우게 되고, 자신이 문학에 재능이 있음을 깨닫게 된다.

11개월 동안의 짧은 감옥 생활은 그의 인생을 바꾸어 놓은 계기가 된다. 그가 감옥에서 나오자마자 서사시와 비극작품을 계속 발표하여 순식간에 대문호로 도약하고 인정받게 되기 때문이다.

하지만 어디든지 기득권자가 있기 마련이다. 볼테르의 기고만장함과 승승장구가 눈에 가시처럼 여겨졌던 귀족의 하인들에 의해 구타당하는 사건이 발생하고, 볼테르는 모욕을 씻기 위해 결투를 신청한다.

하지만 결투는 받아들여지지 않고 오히려 교만하다는 이유로 다시 바스티유 감옥에 감금당하는 수모를 겪게 된다.

결국 영국으로 망명하겠다는 조건으로 감옥에서 풀려나 영국으로 가게 된다.

영국에서의 망명 생활을 통해 볼테르는 철학이 더 깊어졌고, 넓어졌다. 그래서 영국의 사상과 프랑스의 사상이 융합하고 잘 조화되어 이 책이 탄생한 것인지도 모른다. 적어도 필자는 그렇게 생각한다.

볼테르가 바스티유 감옥에 두 번이나 갇히지 않았다면,

그로 인해 영국에 망명가지 않았다면, 그래서 영국의 사상과 영국인들의 의식을 경험하지 않았다면 지금 우리가 알고 있는 볼테르는 반쪽짜리 일지도 모른다.

볼테르는 특히 셰익스피어의 연극을 접한 후 깊은 인상을 받았다. 셰익스피어의 연극에서 가장 깊은 인상을 받은 것은 이야기의 극적인 힘이었다.

볼테르는 재치와 풍자와 같은 프랑스 정서 특유의 자질을 가지고 있었고, 여기에 영국의 문학의 특징 중에 하나인 스토리의 극적인 힘을 겸비하게 되었다. 그 결과 이 책이 탄생할 수 있게 되었던 것이다.

프랑스 사람들의 정서에 토대를 둔 철학과 영국의 실용주의 철학, 비관 주의와 낙관 주의 등이 잘 융합되어 이 세상을 하나의 측면이 아닌 다양한 측면에서 바라볼 수 있는 힘을 기를 수 있게 해 주는 위대한 책을 볼테르가 쓸 수 있었던 것은 바로 이런 이유 때문이다.

유럽을 대변하는 가장 특징이 많은 프랑스와 영국이 정신적으로 가장 효과적으로 교류하고 통합하여 하나가 된

결과물이 바로 볼테르인 것이다.

– 시대를 앞 서 살았던 계몽주의적 혁명가

' 나는 나 자신의 자유를 열렬히 사랑하면서도 운명의 장난으로 인해 이 국왕 밑에서 저 국왕 밑으로 떠도는 신세가 되었다.'

볼테르는 < 회상록 >에서 자신의 체험을 이렇게 말하기도 했다. 그의 말처럼 그는 자유를 열렬히 사랑한 혁신가였다. 하지만 운명의 장난으로 인해 그의 삶이 순탄하지만은 않았다.

하지만 그의 삶은 계몽주의 시대를 온 몸과 행동으로 보여준 삶이었다.

18세기 유럽인들을 점령하고 있던 전제 정치와 종교적 맹신에 그는 끝까지 저항했다.

그에게 있어서 영국 망명은 엄청난 행운이었다. 영국 망명을 통해 그가 알게 된 것이 바로 창작에 대한 자유 정신이었기 때문이다. 바로 이러한 자유 정신으로 인해 영국이 프랑스보다 훨씬 더 진보해 있었음을 발견하고 충격을 받게 되기도 한다.

이러한 영국 망명의 경험을 통해 볼테르는 누구보다 더 앞선 작가와 철학가로 다시 태어나게 되었다고 필자는 생각한다.

볼테르는 어릴 때부터 반항적이고 성질 급하고 타협할 줄 모르는 그런 아이였다. 볼테르의 본디 이름은 '프랑수아 마리 아루에' 이다. 한 마디로 그는 천재에 가까운 아이였다.

법률가가 되기를 바라는 아버지의 뜻을 거역하고 문학에만 전념한 것은 인류 문학의 측면에서 매우 잘 된 일이라고 밖에는 말 할 수 없을 것 같다.

그는 존 로크의 철학 서적을 읽기 위해 영어를 배우기까지 했다. 그리고 그는 롤러코스터와 같은 인생을 경험하면서 더욱더 성장해 나갔다.

전제정치와 불평등에 대해 그가 겪은 첫 경험은 프랑스 명문 귀족 출신인 슈발리에 드 로앙과 말다툼을 벌인 후,

로앙의 사람들한테 구타를 당하게 되자, 분노하여 결투를 신청한 것이다.

이 결투 신청으로 인해 볼테르는 다시 바스티유 감옥에 갇히게 되는 신세가 되고, 이로 인해 볼테르는 영국 망명을 조건으로 석방하게 된다.

3년 동안의 망명 생활 동안 그는 문필가와 철학자들을 만나고, 영어 공부를 계속하여, 영국의 문학과 정신을 배우게 되고 경험하게 된다.

볼테르가 영국 망명을 통해 획득한 가장 큰 수확물은 인간적인 자유이다. 그는 생각했다. 상인과 선원의 나라에 불과했던 영국이 프랑스 루이 14세를 이긴 것은 경제적인 우월 덕분이었고, 그것은 바로 자유 정신이 더 앞섰기 때문이라고 말이다.

볼테르는 짧은 영국 망명 기간에 마치 동양인 학생이 서양의 문물을 배우듯 미국의 명문대학교를 다니고 온 것처럼 많은 것을 배우고, 경험하고 생각하고 돌아왔다.

그가 프랑스에 다시 돌아왔을 때, 그의 행동을 보면 이런 사실을 누구보다 잘 알 수 있다.

그는 프랑스에 돌아와서 프랑스인들에게 영국을 본받아야 한다는 사실을 강조했다. 문학적인 측면에서는 셰익스피어를 본받아 비극을 프랑스에 되살리려 시도했고, 새로운 문학 장르에 도전하기도 한다.

하지만 볼테르는 종교적 맹신에 저항하고 진보와 자유의 이상을 고취하기 위해 평생을 저항하고 행동한 행동가였고, 혁신가였다.

볼테르는 종교적 관용의 확립, 고문과 처형의 폐지, 인권 존중, 물질적 번영의 성장 등의 주제에 대해 행동으로 보여주었다.

툴루즈의 상인인 신교도 장 칼라스는 로마 가톨릭으로 개종하려는 아들을 죽였다는 혐의로 고발당해 결국 능지처참 형을 받는 사건이 일어났다. 이 사실을 접하고 분노한 볼테르는 종교적 무자비함의 희생자를 지키기 위해 칼라스의 무고함을 주장했다.

볼테르의 행동 덕분에 칼라스는 명예를 회복하고, 가족은 피해보상을 받을 수 있게 되었다. 물론 그가 행동으로 보여준 일들은 이것뿐만이 아니었고, 성공만 한 것도 물론 아니었다.

하지만 그는 포기하지 않았고, 평생을 행동가로, 혁명가로 살았던 것은 분명한 사실이다. 바로 이런 이유로 그는 항상 강렬한 반응을 불러일으켰다. 말년에는 루소 추종자들에게 공격을 받았고, 그의 방대한 저술들은 당대뿐만 아니라 바로 후세의 비평가들과 문학인들에 의해 외면당했을 뿐만 아니라 거센 비판을 받아야 했다.

그의 서사시와 서정시는 사장 되었고, 그의 희곡도 그렇다. 하지만 그의 '콩트'는 살아났고, 그가 남긴 수많은 편지는 프랑스 문학의 가장 위대한 기념비로 간주 되었다.

볼테르는 그때 그 시대에 꼭 필요한 철학자이자 혁명가였던 것이다. 인류에게 값진 교훈을 남겼고, 그것을 온몸으로 실천함으로써 본보기가 되어 주었다.

- 소심하고 나약한 자들을 위한 소설.

  ' 나는 어떤 것이 더 불행한 삶인지 알고 싶어요. 검둥이 해적들한테 100번이나 겁탈당하는 것, 엉덩이 한쪽을 잘리는 것, 불가리아인들에게 몽둥이찜질을 당하는 것, 종교 화형식에서 죽도록 매를 맞은 다음 교수형을 당하는 것, 교수형을 당한 후 다시 해부를 당하는 것, 그리고 갤리선에서 노를 젓는 것, 요컨대 우리 모두가 지금까지 겪은 이 모든 불행들, 아니면 아무 할 일 없이 이곳에서 지내는 일들 중 어떤 것이 가장 나쁜 것인가요?'   < 200쪽 >

이 책에 나오는 노파가 캉디드에게 던진 문제이다. 당신은 어떻게 생각하는 가? 어떤 것이 가장 나쁜 것인가?

세상을 살다 보면, 하루에도 이리 치이고 저리 치이면서 힘들고 어렵고 황당하고 기겁하고 좌절하고 분노하고 어이가 없고 기가 막히고 숨이 막히는 일들이 수백 번 도 더 생길 수 있다. 그때마다 당신은 어떻게 받아들이고, 어떻게 행동하는가?

필자는 이 책을 읽고 나서 비로소, '소심했던 나'에서 '대범한 나'로 완벽하게 전환할 수 있었다.

이 책을 읽으면서 자주 느꼈던 생각들은 '이런 사람들도 있구나, 이렇게 까지 험하고 모진 일을 겪는 사람들도 있구나, 세상은 정말 넓구나' 하는 것들이었다.

즉 사고와 경험의 폭을 한순간에 퀀텀 점프시켜 주는 책이었다. 최소한 필자에게는 그렇다.

순하고 순박한 소년 캉디드는 독일 베스트팔렌 지방, 툰더 텐 트롱크 남작의 성에 살고 있었다. 남작에게는 몸무게가 175kg이나 나가는 남작부인과 아름다운 딸 퀴네공드 와 아버지를 꼭 빼닮은 아들이 있었다.

그리고 이 성에는 가정교사 팡글로스가 있었다. 팡글로스는 그 당시 일반화되었던 학문인 형이상학적 신학적 우주론을 아이들에게 가르쳤다. 즉 원인 없는 결과란 절대로 없다는 것이다.

모든 사물은 하나의 목적을 위해 만들어진 만큼 그 모두는 필연적으로 최선의 목적을 위해 존재하는 것이기 때문에 현재의 상태와 다르게 존재할 수 없다고 그는 주장한다. 즉 모든 것은 최선으로 되어 있다는 것이 그의 지론이었다.

우연히 퀴네공드와 입맞춤을 하게 되고, 이것이 발각이 되어서 성에서 쫓겨난 캉디드는 불가리아 군대에 들어갔지만, 다시 네덜란드로 탈주하여, 거기서 팡글로스를 다시 만나게 되었다.

그런데 그 팡글로스는 예전과 전혀 다른 거지 신세가 되어 있었고, 더 충격적인 사실은 퀴네공드가 죽었다는 사실을 전해 듣고 여러 번 기절해 버린다는 것이다.

" 아닐세, 그녀는 불가리아 군인들에게 능욕을 당할 대로 당하고는 배가 갈려 죽었네. 병사들은 그녀를 보호하려는 남작의 머리통을 부숴버렸고, 남작부인도 난도질을 당했지. 내가 가르쳤던 가엾은 남작 아들도 그의 누이와 똑같이 당했다네. 그 성에는 주춧돌 하나, 헛간 하나, 양 한 마리, 오리 한 마리, 나무 한 그루도 남지 않았다네."   < 21쪽 >

이러한 충격적인 이야기를 듣고 순진하고 순박한 캉디
드가 기절하지 않을 수 있을까? 여전히 낙천적인 팡글로
스와 캉디드는 함께 리스본으로 간다. 그 와중에 배가 난
파하여 널빤지를 타고 바닷가에 간신히 도착할 수 있었
다.

‘ 이날이 바로 이 세상 마지막 날이군요!’ <28쪽>

리스본에 발을 들여놓은 캉디드가 남녀노소 3만 명이나
되는 주민들이 무너지고 뒤틀린 집들과 건물의 잔해 속
에 파묻혀 버린 충격적인 광경을 보고 외친 말이다.

과연 이런 현실에서 팡글로스는 여전히 모든 일이 최선
의 상태라고 말할 수 있을까? 놀랍게도 팡글로스는 그렇
다고 주장한다. 그것도 한결같이 말이다. 심지어 그는 인
간의 타락과 저주도 필연적으로 이 세상에서 최선의 한
부분이라고 생각한다고 한다.

지진이 리스본의 4분의 3을 파괴하고 나서야 이 지방의
현자들은 도시의 완전한 파멸을 막기 위해 멋진 종교 화
형식을 하고자 하고, 이 화형식을 위해 팡글로스 박사와

그의 제자 캉디드는 체포되게 된다.

 과연 이다음의 이야기는 어떻게 전개되는 것일까? 이어서 계속해서 간단한 줄거리를 살펴보겠지만 이 책은 나약하고 소심한 자들에게 꼭 추천해 주고 싶은 책이다. 이 책을 통해 강인하고 대범한 마음을 얻게 될 수 있다. 물론 전부다는 아니지만, 사람에 따라서 그것이 가능한 사람이 있을 것이다.

- 21세기 현대인들이 꼭 읽어야 할 힐링 책.

 도시 전체가 완전하게 파멸되는 것을 막기 위해 행해진 화형식 날!

 비스케 사람과 닭고기 지방질을 먹기 싫어한 남자 두 사람은 화형을 당했으며, 팡글로스는 교수형을 선고받았고, 캉디드는 성가의 박자에 맞춰 볼기를 맞았다. 그런데 그날 굉음을 내며 또다시 지진이 일어났던 것이다.

 캉디드는 놀라고 말문이 막혔다.

 " 이것이 이 세상에서 최선이라면 다른 세상은 도대체 어떤 세상일까? 내가 볼기를 맞은 거야 불가리아 군대에서도 당했던 일이라고 해두자. 하지만 내 소중한 스승 팡글로스 당신은! 가엾 위대한 철학자인 당신은 왜, 이유도 없이 교수형을 당해야 한단 말인가요? 오, 내 사랑하는 재침례교도 당신은! 이 세상에서 가장 착한 당신은 왜 항구에서 익사해야 했단 말입니까! 오, 퀴네공드 양! 처녀 중의 진주인 그대는 어찌하여 배가 갈려 죽어야 했던가!" < 34쪽 >

46

죽었다고만 생각했던 퀴네공드가 다시 캉디드 앞에 나타났다. 죽은 줄로만 알았던 퀴네공드가 우여곡절 끝에 화형식을 보고 있었고, 함께 있던 노파가 캉디드를 퀴네공드가 머물고 있는 집으로 데리고 왔던 것이다.

하지만 어처구니없이 두 사람을 칼로 찔려 죽이게 되고, 그래서 캉디드는 노파와 퀴네공드와 함께 말을 타고 달아났다.

" 아아! 할머니, 두 명의 불가리아 병사에게 겁탈을 당하고, 칼로 배를 두 번 찔리고, 성 두 채가 무너지고 눈앞에서 어머니 두 분과 아버지 두 분이 목 잘려 돌아가시고, 종교 화형식에서 연인 두 사람이 매 맞는 꼴을 당신이 보지 않은 이상, 당신이 나보다 더 불행했다고는 볼 수 없어요. 그뿐인 줄 알아요. 나는 72대를 귀족으로 이어온 가문에서 남작의 딸로 태어났는데도 부엌데기 노릇까지 해야 했다고요."   < 52쪽 >

이렇게 자신이 가장 불행한 여성이라고 강조하자, 노파는 의외의 대답을 하고, 자신의 이야기를 한참 동안 말한다.

" 아가씨, 아가씨는 아직 내 출생 신분을 모르지. 그리고 내 엉덩이를 보여주면 아가씨는 그런 말을 할 수 없을 거요. 아가씨는 판단을 유보하게 될 거야."

그러면서 노파는 자신의 불행했던 기막힌 사연을 풀어놓기 시작한다. 그 사연은 독자들이 직접 읽어보는 것이 훨씬 더 감동적이고 인상적이 될 것 같다.

한 가지만 이야기하자면, 노파의 신분은 교황의 딸이며, 공주라는 것과 상상도 못 할 일들을 수십 번 겪고, 심지어는 굶주린 군인들이 엉덩이 한쪽 부분을 잘라 먹었다는 사실이다.

이 책에 나오는 다양한 인물들의 엄청난 삶을 들여다보고 경험하게 된다면, 우리는 정말 대범해지고 말 것이다. 그냥 눈으로 읽지 말고, 가슴으로, 온몸으로 이 책에 들어가서 수많은 인물의 삶, 그 자체가 되어 보라.

그렇게 된다면 지금 당신의 삶의 무게, 삶의 불행, 삶의 고통은 매우 작고 작은 것에 불과하다는 것을 쉽게 깨닫게 될 것이다.

 지금 이 시대에 어떤 여자가 수 십 번 능욕을 당하고, 엉덩이 한 쪽이 잘려서 먹이가 되고, 온 집안이 죽임을 당하고, 배가 갈리고, 가문이 눈앞에서 사라지는 현실을 맞이할 수 있을까?

 그럼에도 불구하고 어떻게 해서 이 책의 인물들은 다시 살아나고, 다시 새로운 삶을 추구하고, 마치 아무 일도 없었던 것처럼 눈앞의 일을 해 나갈 수 있을까?

 단 한 가지 이유는 볼테르가 독자들에게 말하고자 했던 것이 아닐까? 그 답은 이 책의 마지막 부분에 담겨 있다.

‑ 비관주의자와 낙관주의자가 모두 읽어야 할 책.

이 책을 좀 더 깊게 이해하기 위해서는 볼테르가 살았던 그 시대에 유행했던 철학의 주류를 알아야 한다. 그 당시 가장 유명한 철학자 중 한 명은 바로 라이프니츠 였을 것이다. 라이프니츠는 한 마디로 낙천주의자였다.

그가 1710년에 출간한 <변신론>이란 책에 보면, 이 세계는 있을 수 있는 한 가장 선한 것이라고 말한다. 이것은 바로 팡글로스의 주장과 일치한다. 하지만 볼테르는 처음부터 끝까지 이 책의 사건을 통해 그것이 아닐 수 있다고 정면으로 반박한다.

캉디드는 낙천주의를 증명해 보이기 위해 존재하는 것처럼 보이지만, 결국에는 근거 없는 낙천주의는 무의미하다고 결론을 내는 듯하다. 그러한 탁상공론보다는 오히려 자신의 밭을 갈고, 자신의 일을 해 나가는 것이 훨씬 더 이 세상과 당신의 미래를 낙천적으로 만들 수 있는 길임을 암시하며 이 책은 종결된다.

아주 많은 일들과 사건들을 담고 있는 이 책의 마지막 부분에 가 보면, 모두 함께 어느 조그마한 소작지에 정착하면서 이야기가 마무리된다. 그들은 모두 사색을 하면서, 살아가려고 하지만 따분함을 느끼게 된다.

이게 말이 되는가? 그렇게 엄청난 일들을 겪은 이들이 일상을 통해 따분함을 느끼게 된다는 것이 말이다.

하지만 사실이다. 따분함을 느낀 그들은 터키 노인의 말을 통해 삶을 살아 나갈 지혜를 얻게 된다.

그 터키 노인이 한 말은 이것이다.

" 우리 땅은 20에이커밖에 되지 않네. 나는 이 땅을 아이들과 함께 경작하고 있지. 일은 우리를 커다란 세 가지 악, 요컨대 권태, 방탕, 가난에서 벗어나게 하는 걸세."
< 205쪽 >

이 책은 비관주의를 옹호하지도 않고, 낙관주의를 옹호하지도 않는다. 다만 이 책은 인간은 그냥 쉬려고 존재하는 것이 아니라, 자신의 밭을 가꾸어야 하도록 존재한다

고 말한다.

 그렇기 때문에 그 어떤 추론도 무의미하고 불필요하다
는 것이다. 일을 하는 것만이 삶을 견딜만하게 만드는 유
일한 방법인 것 같다고 마르탱은 말한다.

 이 책의 마지막 부분에서 팡글로스와 캉디드의 대화는
우리가 앞으로 어떻게 살아가야 좋은 삶을 살아낼 수 있
는지를 말해주는 힌트를 제공한다.

 " 팡글로스는 가끔 캉디드에게 이렇게 말하곤 했다.

 ' 모든 사건들은 있을 수 있는 세계 중 최선의 세계에
서는 서로 연계되어 있는 것일세. 자네가 퀴네공드 양과
의 사랑으로 인해 그 아름다운 성에서 엉덩이를 발로 차
여 내쫓기지 않았더라면, 종교재판에 처해지지 않았더라
면, 남작을 칼로 찌르지 않았더라면, 그리고 엘도라도에
서 가져온 양들을 모두 잃어버리지 않았더라면, 자네는
이곳에서 설탕에 절인 레몬과 피스타치오 열매를 먹지
못했을 테니까.'

캉디드가 이렇게 대답했다.

' 참으로 명언이긴 하지만 이제는 우리의 밭을 가꾸어야 합니다.' " < 206 ~207쪽 >

당신이 비관주의자든, 낙천주의자든 상관이 없을 것이다. 자신의 밭을 스스로 가꾸어 나간다면 말이다.

지혜의 왕 솔로몬이 쓴 책에도 이와 비슷한 말이 나온다.

' 그러므로 내 소견에는 사람이 자기 일에 즐거워하는 것보다 나은 것이 없나니 이는 그의 분복이라.'

' 사람마다 먹고 마시는 것과 수고함으로 낙을 누리는 것이 하나님의 선물인 줄을 또한 알았도다.'

이 책은 라이프니츠의 틀에 박힌 듯한 낙천주의를 풍자하는 풍자 소설이다. 우리가 추구해야 하는 삶은 모든 것이 선한 것이라는 근거 없는 낙천주의를 맹신하는 삶이 아니라, 자신의 밭을 스스로 가꾸어 나가면서 그 과정에서 기쁨과 즐거움을 누리며, 권태와 가난을 벗어나 풍요로운 미래를 만들어 나가는 삶이어야 한다.

자신의 일에 즐거워하는 사람은 방탕과 나태에 빠지지 않는다. 하지만 근거 없는 낙천주의를 맹신하는 사람들은 쉽게 방탕과 나태에 빠진다. 그러므로 이 책은 세상을 긍정하되, 스스로 그러한 밝은 미래를 만들어 나가고 개척해 나가야 한다는 이치를 담고 있는 책인 것이다.

" 나는 누구에게 강요받기 위하여 이 세상에 태어난 것은 아니다. 나는 내 방식대로 숨을 쉬고 내 방식대로 살아갈 것이다. 누가 더 강한지는 두고 보도록 하자."

_ 헨리 데이비드 소로우, < 시민의 불복종 >

제2장. 19세기에 쓰인 가장 중요한 책 _ 월든 & 시민의 불복종

" 대부분의 사람이 조용한 절망의 삶을 꾸려간다. 체념은 곧 절망으로 굳어진다. 우리는 절망의 도시에서 절망의 시골로 들어가 밍크와 사향쥐의 용기에서나 마음의 위안을 얻는 수밖에 없다. 진부하지만 무의식적인 절망이 인류의 오락거리와 유흥거리에도 감춰져 있다. 이런 기분 풀이는 일한 후에나 가능하기 때문에 놀이하는 맛이 없다. 그러나 자포자기한 짓을 하지 않는 것이 지혜의 한 특징이다." _ 헨리 데이비드 소로우, [월든] 중에서.

" 나는 누구에게 강요받기 위하여 이 세상에 태어난 것은 아니다. 나는 내 방식대로 숨을 쉬고 내 방식대로 살아갈 것이다. 누가 더 강한지는 두고 보도록 하자."

_ 헨리 데이비드 소로우, < 시민의 불복종 > 중에서

- 19세기에 쓰인 가장 위대한 책에 대해서

왜 우리는 지금 이렇게 이런 방식으로 살아가고 있는 것일까? 이러한 질문에 대해서 헨리 데이비드 소로우는 이 단 한 권의 책을 통해 명쾌하게 서술하고 있다. 그래서 이 단 한 권의 책을 통해 그는 불후의 명성을 얻게 되었다고 해도 과언이 아니다.

실제로 이 책에 대해 유명 인사들의 찬사가 끊이지 않고 있기 때문이다.

미국의 시인 로버트 프로스트는 필자와 비슷한 말을 한 적이 있다.

" <월든> 이라는 단 한 권의 책으로 소로우는 불후의 명성을 얻었다."

이 책을 읽고 큰 감명을 받은 사람 중에 한 명이 인도의 성자로 불리는 마하트마 간디이다.

" 나는 큰 즐거움을 가지고 <월든>을 읽었으며 그로

부터 깊은 감명을 받았다."

이 책은 19세기에 쓰인 가장 위대한 책이다.

많은 사람이 이 책의 철학적 의미와 숭고한 정신과 실험 정신에 찬사를 보냈지만, 필자는 이런 점들보다 오히려 소로우의 삶과 인간에 대한 깊은 통찰력에 찬사를 보내고 싶었다.

필자는 큰 충격을 가지고 이 책을 읽었다. 그리고 이 책을 통해 세상을 한 단계 깊게 내다보고 인간을 좀 더 잘 이해할 수 있게 되었다. 소로우의 깊은 통찰력 때문이었다.

이 책에서 가장 좋은 부분들을 선택해서 전해 줄 것이다. 그중에서도 가장 의미심장하고 좋은 부분은 이것이다.

" 왜 우리는 성공하려고 그처럼 필사적으로 서두르며, 그처럼 무모하게 일을 추진하는 것일까? 어떤 사람이 자기의 또래들과 보조를 맞추지 않는다면, 그것은 아마 그가 그들과는 다른 鼓手고수의 북소리를 듣고 있기 때문일 것이다. 그 사람으로 하여금 자신이 듣는 음악에 맞추어 걸어가도록 내버려두라. 그 북소리의 박자가 어떻든, 또 그 소리가 얼마나 먼 곳에서 들리든 말이다. 그가 꼭 사과나무나 떡갈나무와 같은 속도로 성숙해야 한다는 법칙은 없다. 그가 남과 보조를 맞추기 위해 자신의 봄을 여름으로 바꾸어야 한단 말인가?" < 본문 중에서 >

그렇다. 우리는 타인과 보조를 맞추어야 할 의무나 법칙 같은 것이 없다. 그럼에도 많은 사람들이 타인과 보조를 맞추기 위해 자신에게 있는 멋진 봄을 타인의 여름이나 가을로 바꾸기 위해 스스로 포기해 버리고, 이것도 저것도 아닌 어정쩡한 그런 순간을 맞이하게 되는 것이다.

가장 큰 문제는 타인의 삶에 대한 동경이다. 자신의 삶보다 타인의 삶이 훨씬 더 나은 삶이고 더 행복한 삶이라고 착각하는 순간, 인생은 고생이 시작된다. 그런 점에서 인간은 착각 때문에 고생하는 것이라고 말한 소로우의 말은 진실이다.

– 세계의 역사를 바꾼 책 _ < 시민의 불복종 >

인간의 피를 끓게 만드는 그런 책을 읽어 본 적이 있는 가? 없다면 이 책을 읽어보라. 이 책이 바로 그런 책이기 때문이다.

  ‘ 우리는 먼저 인간이어야 하고, 그다음에 국민이어야 한다고 나는 생각한다. 법에 대한 존경심보다는 먼저 정 의에 대한 존경심을 기르는 것이 바람직하다.’

  “ 나는 누구에게 강요받기 위하여 이 세상에 태어난 것은 아니다. 나는 내 방식대로 숨을 쉬고 내 방식대로 살아갈 것이다. 누가 더 강한지는 두고 보도록 하자.”

  ‘ 나는 가장 좋은 정부는 가장 적게 다스리는 정부라는 표어를 진심으로 받아들이며 그것이 하루빨리 조직적으 로 실현되기를 바라 마지않는다.’

  이러한 명문으로 가득 찬 이 책이 처음부터 세계의 역

사를 바꾼 책으로 평가받은 것은 아니다.

처음에는 독자들의 무관심 속에서 시쳇말로 방치되었고 외면당했다. 그러다가 러시아의 문호 톨스토이의 눈에 띄었던 것이다. 하지만 이 책은 인도 독립운동을 하고 있던 간디를 통해 비로소 세계 역사에 큰 영향을 끼치는 책으로 운명이 완전하게 바뀌게 되었다.

' 나는 소로우에게서 한 분의 스승을 발견했으며, < 시민의 불복종 > 으로부터 내가 추진하는 운동의 이름을 땄다.'

간디는 이런 말까지 할 정도로 이 책을 높게 평가했던 것이다. 간디를 시작으로 영국의 노동가들, 나치 점령하의 레지스탕스 대원들, 그리고 심지어 마틴 루터 킹, 수많은 인권운동가들에게 계속해서 이 책은 큰 영향력을 끼쳤다.

이 책은 한 마디로 용기와 격려의 책이다. 특히 불의를 일삼는 골리앗과 같은 거대한 조직과 집단과 싸우는 작은 소수, 즉 다윗과 같은 이들을 위한 책이다.

소로우는 이 책을 통해 강요받는 삶을 거부하고, 자신의 방식대로 숨을 쉬고, 자신의 방식대로 살아갈 것을 천명했다.

그렇게 살아가려고 할 때 가장 큰 방해물은 바로 정부다. 그래서 소로우는 정부에 대해 강하게 비판한다. 정부는 하나의 편법에 지나지 않는 존재라고 책의 첫 도입부에 주장하기도 한다.

특히 미국 정부는 역사가 짧은 하나의 전통 이외에 아무것도 아니라고 말한다. 그 전통을 손상시키지 않고 후대에 넘겨주려 하지만 매 순간마다 그 순수성을 조금씩 잃어가는 하나의 가엾은 전통에 불과하다는 것이다.

- 19세기에 태어나 21세기의 의식을 가진 사람.

' 나는 강하고 용감한 사람들에게 어떤 법칙들을 가르쳐줄 생각으로 이렇게 말하는 것이 아니다. 그런 사람들은 천국에서든 지옥에서든 자신에게 맡겨진 일들을 척척 챙길 것이고, 최고의 부자들보다 호화로운 집을 짓고 아낌없이 돈을 써도 결코 가난해지지 않을 것이다.' < 26쪽 >

소로우는 한 마디로 19세기에 태어났음에도 21세기를 살아가는 사람들의 의식을 가진 앞선 사람들이라고 필자는 생각한다.

그의 의식이 그 시대의 사람들보다 몇 단계는 더 진보한 그것이기 때문이다. 그는 그 당시에 이미 현대식 주택을 대다수의 사람들이 소유하거나 임대하게 될 것을 가정하여, 문명이 현대인들을 무조건 참다운 문명인으로 만들어주지는 못 할 것이며, 그렇기 때문에 문명인이라고 해서 미개인보다 더 나은 집에서 살아야 할 이유는 없다고 말했다.

지금 이 시대에 가장 큰 문제 중에 하나인 빈익빈 부익부 현상, 즉 가진 자와 못 가진자의 격차가 갈수록 벌어지는 것에 대해 정확히 내다보았다.

  바로 그런 점에서 소로우가 쓴 책이 자본주의 사회가 팽배해져 있는 현대에 현대인들에게 많은 사랑을 받는 것이다.

  소로우 자신은 말한다. 인생을 진정 자기 의도대로 살아보기 위해서 월든 숲으로 향했다고 말이다. 그렇게 해서 인생의 본질적인 측면만을 살펴보려고 했던 것이다.

  간소한 삶을 추구하면서 풍요로운 삶을 초월하고 넘어선 소로우의 삶은 자본주의 사회를 한 차원 더 높게 뛰어넘은 것이라고 필자는 생각한다.

  소로우는 직접 너무 심한 노동이나 너무 부와 성공에 집착하지 않는 삶을 살았고, 온 몸으로 그것을 보여 준 인물이다.

  우리는 왜 이렇게도 악착같이 살아야 하는 것일까? 단

한 번뿐인 인생인데 말이다. 좀 더 많이 누리고 기뻐하고 즐거워하기 위해서 지금 보다 훨씬 더 많은 성공을 할 필요는 없다. 그리고 훨씬 더 많은 부가 있어야 하는 것도 아니다.

 그저 바쁜 마음을 버리면 된다. 그저 욕심을 내려놓으면 된다.

 소로우가 앞 선 의식을 가진 사람이었음을 보여주는 증거 중에 하나는 그가 남긴 이 책이 생태학과 환경사의 방법론을 제시한 저작으로서, 20세기 환경 운동의 원천으로 재해석되기 때문이다.

 그의 주장대로, 우리는 사소한 일로 너무 많이 삶을 낭비하는 듯하다. 간소한 삶, 심플한 삶을 산다면 어제보다는 훨씬 더 행복한 삶을 살아낼 수 있을 것 같다.

- 2년 2개월이 만들어 놓은 걸작 _ < 월든 >

‘ 만약 이 나라의 대학들이 현명하다면 졸업하는 학생 한 사람 한 사람에게 졸업장과 더불어, 아니 졸업장 대신 <월든>을 한 권씩 주어 내보낼 것이다.’

미국의 작가 E.B 화이트의 이 말은 이 책이 얼마나 수준 높고 훌륭한 걸작인지를 잘 말해 준다.

어떤 작가가 대학 졸업생들에게 졸업장 대신 특정 책 한 권을 주어 내 보내야 한다고 감히 주장할 수 있을까? 결국 이 책은 그만큼 놀라운 걸작이라는 것을 의미한다.

필자는 만 권이상의 책을 3년 동안 지독하게 독파한 적이 있다. 그 책들 중에서 단 한 권을 선택하라고 한다면 단연 이 책이다. 하지만 이 사실을 이 책을 통해 비로소 처음으로 밝힌다.

보통 독서법 강의에 가면 수많은 사람이 필자에게 던지는 돌직구와 같은 질문은 바로 이것이다.

' 작가님께서 읽으신 만 권의 책 중에서 최고의 책은 무엇입니까? 단 한 권을 추천해 주실 수 있다면 어떤 책을 추천해 주실 겁니까?'

필자는 이런 질문을 오랫동안 들었지만, 단 한 번도 제대로 본심을 드러내지 못 했다. 책을 추천한다는 것은 큰 오류를 포함하고 있는 어리석은 행동 중에 하나이기 때문이다.

초등학생에게 좋은 책이 있고, 대학원생들에게 좋은 책이 있기 때문이다. 아무리 책이 좋아도 초등학생들에게 대학원생들이 읽을 수 있는 책을 추천해 줄 수는 없는 노릇이기 때문이다.

글자를 읽을 수 있다는 것과 독서를 해낼 수 있는 능력이 있다는 것은 전혀 다른 문제이다. 이것은 뛸 수 있는 사람과 날 수 있는 사람의 차이보다 더 큰 문제이다. 그런데 많은 사람이 이 두 가지를 동일한 것이라고 생각한다.

그래서 가장 큰 문제인 것이다. 하지만 이 책은 이런 사실을 필자로 하여금 잊게 만들었다.

이 책은 정말 최고 중 최고의 책이다.

이 책의 첫 대목을 보면, 먼저 이 책의 작가인 소로우가 이 책을 쓸 때 자신이 어떤 장소와 어떤 집에서 어떻게 얼마 동안 어떤 생활을 했는가에 대해서 알 수 있다.

  " 이 글을 쓸 때, 정확히 말해 이 글의 대부분을 쓸 때 나는 매사추세츠 주 콩코드에 있는 월든 호숫가 숲의 직접 지은 집에서 혼자 살고 있었다. 그곳은 가장 가까운 이웃과도 1마일 쯤 떨어진 곳이었고, 나는 오롯이 내 손으로 일하며 생계를 꾸려갔다. 나는 그곳에서 2년 2개월을 살았다. 그러나 지금은 다시 문명 생활의 일시적인 체류자가 되었다."   < 헨리 데이비드 소로우, [월든], 9 쪽 >

이 책은 정말 심오한 철학적인 문제, 인간적인 문제, 사회적인 문제 등을 총 망라해서 담고 있다. 그래서 데일 카네기가 이 책을 ' 불멸의 책'이라고 평가한 것인지도 모르겠다.

이 책을 조금만 읽어보면 이 책에 누구나 빠져들 수밖에 없을 것이다.

이 책이 이렇게 걸작이 된 이유는 소로우가 세상과 동떨어져서 참 된 사색을 할 수 있는 참 된 삶, 즉 자신이 직접 지은 집에서 자신이 직접 만든 양식으로 자신이 직접 만들어나가는 시간 활용을 통한 독립적이고 자유로운 삶을 2년 2개월 동안 살았기 때문이다.

소로우가 보기에 많은 사람들이 불행한 삶을 살아가는 이유는 스스로 많은 것들을 만들지 못 하고 물려받았기 때문이라는 것이다. 오히려 인위적으로 만들어진 것들 속이 아닌 널찍한 초원에서 태어나 그런 곳에서 생활했다면 더 행복한 삶을 살아갈 수 있을 것이라고 그는 생각한다.

[의식 혁명]이란 책을 통해 인간의 의식에 대한 인식을 바꾸어 놓은 데이비드 호킨스는 의식이 높은 사람들, 즉 400대 혹은 500대 이상인 사람들은 사회적으로 노벨상 수상자, 위대한 정치가 혹은 대법관 정도의 수준이며, 그들은 하나같이 성공을 하나의 책임 혹은 '노블레스 오

블리제'로 바라본다고 주장했다.

의식 수준이 높은 사람들은 두드러지게 용기 있고, 모두에게 사려 깊으며, 만인을 동등한 개체로 대하기 때문에, 절대로 오만하게 행동하려는 성향이 없다는 것이다. 그래서 그들은 모두 자신을 남보다 낫다가 아닌 남보다 운이 좋다고 간주한다.

그런데 이러한 의식 수준이 높은 사람의 의식을 필자는 이 책을 통해 제대로 느낄 수 있게 되었다. 즉 헨리 데이비드 소로우의 의식이 상당히 높은 수준이었다는 것을 직감하게 되었고, 이 책을 통해 그러한 사실을 확신하게 되었던 것이다.

'삶이란 소중한 것이기에, 삶이 아닌 것은 살고 싶지 않았다. ...... 깊이 있게 삶의 정수를 빨아들이고 싶었다. ...... 낫을 크게 휘둘러서 풀을 바싹 베어 내어 삶을 구석으로 몰아가 가장 기본적인 조건으로 압축해 버린 다음, 삶이 천박한 것으로 판명된다면, 그 천박함을 전부 속속들이 알아내어 세상에 알리고 싶었다. 또는 반대로 삶이 숭고한 것이라면 경험을 통해 그것을 알아내어 다음 번

여정에서 그 참모습을 전할 수 있기를 바랐다.'

 소로우의 이 고백처럼 삶은 소중한 것이며, 그렇기 때문에 삶이 아닌 것을 우리는 거부해야 하고, 삶의 정수만을 포옹해야 한다.

– 월든 깊게 천천히 읽기

 ' 인간은 착각 때문에 고생을 하는 것이다. 인간의 좋은 부분은 곧 흙 속으로 들어가 퇴비가 된다. 흔히 필연이라 불리는 그럴싸한 운명에 의해, 옛날 책에서 말한 것처럼 인간은 결국 좀먹고 녹이 슬어서 망가지며, 도둑들이 몰래 들어와 훔쳐 갈 재물을 모으느라 애를 쓴다. 삶이 끝나기 전은 아니더라도 삶을 끝마칠 때에 이르면 알겠지만 이런 삶은 어리석은 삶이다.' < 헨리 데이비드 소로우, [월든], 12쪽 >

이 부분에서 필자는 깊은 인상을 받았다. 물론 계속해서 깊은 인상을 받았음을 부인하지 않겠다. 한 장 한 장 넘기면서 읽을 때마다 필자는 깊은 인상을 받았다. 하지만 이 부분은 정말 읽을수록 멋지고 심오한 문장이라는 느낌이 든다.

 우리가 고생하는 것, 불행하게 사는 것, 힘들게 하루하루 사는 것은 이 세상의 탓이 아니다. 즉 우리의 잘못된 생각 때문이다. 똑같은 일을 하면서, 똑같은 환경에서, 똑

같은 인생을 살아가는 사람들은 없지만, 비슷한 사람들은 많다. 그런데 어느 정도 이러한 것들이 비슷하다면 힘든 정도나 고생하는 정도가 비슷해야 한다. 하지만 실제로는 그렇지 않다.

그리고 그 차이가 너무나 크다. 그 이유가 바로 착각, 즉 잘못된 생각 때문인 것이다.

윌리엄 셰익스피어의 말처럼 '세상에 좋고 나쁜 것은 없다. 우리의 생각이 다만 그렇게 만드는 것'일 뿐이다.

그래서 헨리 데이비드 소로우는 '상대적으로 자유로운 이 나라에서도 대부분의 사람이 순전히 무지와 착각으로 인한 부질없는 근심에 사로잡히고 쓸데없이 거친 노동에 시달리며 삶에서 한층 달콤한 열매를 따지 못하고 있다.'고 말했다.

그의 말에 전적으로 동감한다. 자급자족 시대를 스스로 창출해서 살아가고 있는 소로우의 입에서 어떻게 이런 말들이 나올 수 있는 것일까?

지금 우리는 농사를 한 번도 짓지 않았음에도 매일 밥을 먹을 수 있고, 한 번도 물고기를 잡아보지 않았음에도 물고기를 마음만 먹으면 먹을 수 있다. 좀 더 구체적으로 말하자면, 우리는 굶어죽을 확률이 매우 희박한 그런 풍요로운 시대에 살고 있다.

오히려 너무 많이 과식해서 생기는 여러 가지 질병과 부작용으로 죽을 확률이 높은 그런 풍요의 시대에 살고 있다. 그럼에도 우리는 일하는 한낱 기계처럼 삶을 영위해 나가고 있는 다.

이런 사실에 경종을 우리는 소로우의 이 책은 걸작이라고 하지 않을 수 없다.

그는 현대인들의 우울한 삶을 미리 내다보았다. 그런 점에서 위대한 통찰력도 있는 작가라고 생각되어 진다.

" 대부분의 사람이 조용한 절망의 삶을 꾸려간다. 체념은 곧 절망으로 굳어진다. 우리는 절망의 도시에서 절망의 시골로 들어가 밍크와 사향쥐의 용기에서나 마음의 위안을 얻는 수밖에 없다. 진부하지만 무의식적인 절망이 인류의 오락거리와 유흥거리에도 감춰져 있다. 이런 기분 풀이는 일한 후에나 가능하기 때문에 놀이하는 맛이 없다. 그러나 자포자기한 짓을 하지 않는 것이 지혜의 한 특징이다." < 16 쪽 >

소로우는 자포자기 하지 않는 것이 지혜의 특징이라고 말한다. 그러면서 그는 시도초자 하지 않은 일이 너무나 많다는 사실을 독자들에게 일깨워준다.

소로우의 말 중에서 가장 유명해진 말 중에 하나가 바로 이 말일 것이다. '대부분의 사람이 조용한 절망의 삶을 꾸려간다.' 는 말이다.

인생의 초반에는 깨닫지 못 했다. 하지만 인생이란 것을 경험할수록 우리 모두는 어쩔 수 없는 일들로 인해서 조용히 절망하는 태도와 의식을 배우게 되는 것 같다. 그래서 결국 노예가 그 어떤 자유로운 생활도 하지 못 하는 것처럼, 우리는 그 어떤 진정한 의미의 도전과 시도를 평생 단 한 번도 하지 못 한 채 살아가게 되는 것이다.

자신이 조용한 절망의 삶을 살아가고 있다고 느끼지 못

하는 사람이 이러한 사실을 어느 정도 깨닫고 살아가는 사람들보다 더 심각한 문제가 있다. 모든 개선은 문제의 인식에서부터 시작되기 때문이다.

' 하루를 자연처럼 살아보자....... 우리가 시대의 흐름에 굴복하고, 거기에 휩쓸려 살아가야 할 이유가 어디에 있는가? ' < 132쪽 >

정말 좋은 말이다. 우리는 정말 자연처럼 살아야 한다. 그것이 기계처럼 살아가고 있는 현대인들에게 가장 좋은 삶의 힐링이 아닐까?

소로우는 독서에 대해서도, 자신의 고귀한 의견을 쏟아냈다. 그가 말하는 독서, 그리고 그가 말하는 고전은 명쾌하다.

" 고전이 인류의 가장 고귀한 생각을 기록한 것이 아니라면 무엇이겠는가? 고전은 결코 썩지 않는 유일한 신탁이어서, 지금 이 시대의 의문에 대한 해답까지 담겨 있다. " < 139쪽 >

소로우는 인류의 가장 고귀한 생각을 기록한 것이 바로 고전이라고 규정했다. 그리고 그 고전은 결코 썩지 않을 뿐만 아니라 이 시대의 문제에 대한 해답까지 담겨 있을 것이라고 감히 말한다.

그리고 그는 올바른 독서는 참다운 책을 참다운 정신으로 읽는 것이라고 말하고, 운동선수들이 받는 훈련처럼 독자들도 훈련이 필요하고, 평생 책을 읽겠다는 마음가짐을 가지고 유지하는 것이 중요하다고 말한다.

또 그는 물과 술에 대해서도 자신의 의견을 피력했다.

물은 지혜로운 사람의 유일한 음료라고 그는 생각했다. 포도주는 고상한 술이 아니라고 한다. 그리고 그는 커피나 차도 별로라고 생각한다.

그의 문장 표현이 정말 예술적이다. 최소한 필자에게는 그렇다.

" 나는 물이 지혜로운 사람의 유일한 음료라고 생각한다. 포도주도 그다지 고상한 술이 아니다. 아침의 희망을

한 잔의 따뜻한 커피로 날려버리고, 저녁의 희망에 한 접시의 차를 끼얹는다고 생각해보라! 내가 이런 음료들의 유혹에 넘어간다면 얼마나 저급한 지경까지 추락하겠는가! 음악도 우리를 취하게 할 수 있다. 겉보기에는 그런 아주 사소한 원인들이 그리스와 로마를 멸망시켰고, 미래에는 영국과 미국을 멸망시킬 것이다." 　 ＜ 　310 ~ 311쪽 ＞

소로우는 이 책에서 거친 노동을 오랫동안 계속하는 걸 반대한다. 그 이유는 간단하다. 가장 큰 이유는 그런 노동을 하고 나면 무지막지하게 절제하지 못하고 먹고 마셔대야 하기 때문이다.

소로우는 폭식가를 싫어한 것 같다. 폭식한다는 것을 매우 경계하기 때문이다. 음식의 진정한 맛을 아는 사람들은 절대 폭식가가 되지 않지만, 그 맛을 모르는 사람은 폭식가를 면할 수 없다는 사실에 대해서도 언급했다.

그 당시 그의 책에 동양의 성인 중 한 명인 증자(曾子)의 말이 담겨 있는 것을 필자는 놀라지 않을 수 없었다.

" 증자는 ' 영혼이 자유롭지 않으면 보아도 보이지 않고, 들어도 들리지 않으며, 음식을 먹어도 음식 맛을 모른다.' 라고 말했다." < 312쪽 >

결국 소로우는 인생을 살면서 제대로 살기를 원했던 것이다. 영혼이 자유롭지 못 하고 무엇인가에 집착하게 되고 편협하게 된다면 사는 게 사는 것이 아닐 수 있다.

소로우는 자신이 숲에 들어와 사는 이유 중 하나는 봄이 오는 걸 지켜보는 여유와 기회를 가지고 싶어서였다고 책의 후반부에 담담히 밝힌다.

그의 놀라운 생각 중 하나는 가축이 사람보다 훨씬 더 자유롭다는 것이다.

" 나는 오래전부터 사람이 가축의 주인이 아니라 가축이 사람의 주인이며 가축이 사람보다 훨씬 더 자유롭다고 생각해왔다. " < 76쪽 >

이 책이 높게 평가받는 이유는 소로우의 멋지고 화려하고 아름다운 명장 때문이 아니다. 작가만의 탁월하고 차

별화된 의식과 생각 때문이다. 필자는 그렇게 생각한다.

- 월든의 꼬리에 꼬리 물기

많은 사람이 말한다.

요즘은 철학을 가르치는 사람은 있어도 철학자는 없다고 말이다. 그런데 이 말을 가장 먼저 한 사람이 바로 소로우이다. 그리고 철학자가 된다는 것이 어떤 삶을 살아야 하는 것인지에 대해서도 명쾌하게 정리해 놓았다.

" 철학자가 된다는 것은 이해하기 어려운 생각을 한다는 것이 아니다. 한 학파를 세운다는 것은 더더욱 아니다. 지혜를 사랑하고 지혜의 지시에 따라 소박하고 남에게 의지하지 않으며 너그러운 삶, 신뢰감을 주는 삶을 사는 것이다. 또한 삶의 문제를 이론적으로나 실질적으로 조금이나마 해결하는 것이다." < 24쪽 >

그의 말은 옳다. 철학자가 된다는 것은 소박하게 자유롭고 너그럽고 신뢰감을 주는 그런 삶을 사는 것이다. 그리고 지혜를 사랑하고, 지혜의 가르침에 따라 살아가는 것이다.

 지혜를 사랑한다는 것은 어떤 삶일까?

 필자는 책을 가까이 하고 책을 매일 읽는 사람을 지혜를 사랑하는 사람의 가장 큰 특징이라고 생각한다. 물론 책이 아닐 수 있다. 하지만 평범한 사람들이 평범한 환경과 평범한 사람들 속에서 살고 일하면서 지혜를 얻고 지혜와 가까이 하고, 지혜를 사랑할 수 있는 가장 효과적이고 훌륭한 방법은 지혜의 저장소인 도서관에 가고, 책을 매일 읽는 것이다.

 특히 현대인들이 직장에서 지혜를 접하기란 힘들다. 물론 삶이 전부 지혜와 경험을 쌓을 수 있는 시공간을 제공한다고 하지만, 교도소와 같은 곳에서 10년 있는 것보다는 하버드 대학교에서 1년 있는 것이 더 많은 지혜와 고급 지식들을 접할 수 있는 것은 당연한 사실이다.

 그런 점에서 저녁과 주말마다 자신과 의식 수준과 지혜 정도가 비슷한 또래 친구들만 만나 유흥을 즐기면서 서너 시간을 술 마시고 잡담을 나누는 것에 귀한 에너지와 시간을 투자하는 사람들보다는 자신과 비교도 할 수 없는 세계 최고의 위인들과 지혜를 만날 수 있는 도서관에 가서 다양한 책들을 접하는 사람들이 훨씬 더 지혜를 사랑하는 것이라고 필자는 생각한다.

 그렇게 지혜를 사랑하고, 지혜의 가르침에 따라 소박하고 너그럽게 신뢰감을 주는 그런 삶을 살다 간 대표적인 인물이 바로 동양의 공자일 것이다.

 공자의 어록을 모아놓은 [논어]에 동양 최고의 지혜의 정수가 담겨 있는 이유도 바로 이것일 것이다. [논어]의 첫 문장이 바로 배움에 대한 문장이다.

 ' 공자께서 말씀하셨다. 배우고 제 때에 그것을 익힌다면 그 또한 기쁘지 않겠는가? '

 공자는 말만 이렇게 한 것이 아니다. 자신의 삶을 통해 배움에 대한 열정을 사람들에게 보여 주었고, 그러한 언행일치와 지혜에 대한 열정이 높게 평가를 받은 것이라고 할 수 있다.

소로우의 말대로 보자면, 가장 철학적인 삶을 사는 사람은 유태인들이다. 그들은 항상 질문을 하면서 삶과 세상의 여러 가지 문제를 이론적으로나 실질적으로 조금이나마 해결해 내려고 노력하고, 실제로 많은 문제들을 개선하고 해결했다.

인류 문명의 많은 부분들이 유태인들에 의해서 개선되고 창조되었다는 사실만을 감안해도 이런 사실을 충분히 알 수 있을 것이다. 유태인들은 책의 민족이고, 지혜의 보고인 탈무드를 스스로 만들고 가지고 있는 민족이다.

가장 큰 지혜에 대해서 소로우는 자신의 이 책 후반부에 힌트를 남겼다.

우리 인간은 지금 우리가 어디에 있는지도 잘 모르고 있다는 사실을 피력하면서, 너무 잘난 척하지 말라고 말한다.

다시 말해, 인간은 스스로 현명하다고 생각하지만, 우둔한 존재일 수 있다는 것이다. 그 우둔한 증거로 소로우는 세상에는 끊임없이 새로운 일이 일어나고 있지만, 우리 인간은 지독히 따분한 것을 묵인하고 살아가고 있다는 것과 가장 개화된 나라들에서조차 지혜롭지 못 한 오래된 구식의 어떤 설교들이 아직도 행해지고 있는 지를 생각해보라고 말한다.

' 우리는 패기 넘치는 철학자들이고 실험가들이다! 내 독자들 중에는 인간의 삶을 온전히 살았던 사람이 하나도 없다. 그들은 인류의 삶에서 봄에 불과할지도 모른다.'   < 472쪽 >

소로우가 이렇게 말하는 이유는 분명하다. 우리가 지금 지구에 살고 있지만, 지구의 얇은 껍데기에 대해서만 알 뿐이고, 그 이상도 그 이하도 아니라는 것이다.

우리 자신을 너무 과대평가하지 말라고 경고해 주는 것이다.

그가 우리 독자들에게 제시하고 싶은 말은 착각 하지 말고 살아라는 것이 아닐까?

착각 때문에 결국 고생하고, 착각 때문에 결국 기계처럼 살게 된다는 것이다. 우리는 기계가 아니라 인간이라는 것이다. 착각 속에 빠져 살고 있기 때문에 우리의 삶이 너무 바쁘고 정신없다는 것이다.

" 왜 우리는 이처럼 바쁘게 살며 삶을 허비해야 하는가? 마치 굶주리기도 전에 굶어 죽겠다고 결심한 꼴이다. 우리는 제때의 한 바늘이 나중에 아홉 바늘을 던다고 말하면서도 내일 아홉 번 바느질하는 수고를 덜려고 오늘 1,000 바늘을 꿰고 있다. 우리는 일을 한다고 늘 바쁘지만 막상 중요한 일은 하나도 없다." < 127쪽 >

정말 우리에게 필요한 것은 우리가 바쁘다는 것에 대한 착각에서 벗어나는 것이 아닐까? 우리는 바빠야 먹고 살 수 있고, 바빠야 좋은 것이라고 배웠다. 이 사회가 그렇게 가르쳐 주었다. 하지만 이 사회는 잘못된 신념에 빠져 있다.

바쁜 것이 무조건 좋은 것은 아니다. 오히려 여유를 가지고 천천히 살아가는 것이 훨씬 더 나은 삶을 살아낼 수 있다. 이것이 이 책이 바쁜 현대인들에게 제시해 주는 가장 큰 깨달음일 것이다.

절대로 바쁘게 살며 삶을 허비하지 말자. 여유를 가지고 새가 노래하고, 아침이 밝아오고, 꽃이 피는 것들을 바라보고, 자연과 벗 삼아 살아보자.

- 시민의 불복종 깊게 천천히 읽기

" 부자는 언제나 그를 부자로 만들어준 기관에게 영합하게 마련이다. 단언하는 바이지만 돈이 많으면 많을수록 덕은 적다. 왜냐하면 돈이 사람과 그의 목적물 사이에 끼어들어 그를 위해 그것들을 획득해주기 때문이다. .... 돈이 없었더라면 그가 그 대답을 찾기 위해 고심해야할 많은 문제들을 돈은 유보시켜 준다. 돈이 있기 때문에 발생하는 유일한 새로운 문제는, 그 돈을 어떻게 쓸 것인가 하는 어려우면서도 부질없는 문제뿐이다. 이리하여 부자의 도덕적 기반이 발밑부터 송두리째 흔들리게 된다. 이른바 수단이란 것이 늘어갈수록 삶의 기회들은 줄어든다. "   < 44쪽 >

소로우는 그 당시 미국 정부가 가지고 있던 문제들을 깊은 통찰력을 가지고 제시한다.

부자에 대한 문제는 지금도 여전히 문제다. 하지만 소로우는 19세기에 21세기의 의식을 가지고 이 문제에 대해 논했다. 뿐만 아니라 소로우는 그 당시 존재했던 말도 안되는 교회세 납부에 대해서도 논했다.

주 정부가 소로우에게 어느 교회 목사의 생계를 돕기 위해 일정액의 헌금을 내라고 명령했다. 소로우는 이 명령을 거부했다.

하지만 다른 사람이 소로우를 대신해서 돈을 내버렸다. 소로우는 이러한 정부의 명령에 대해 강하게 비판했다.

" 학교 교사는 목사의 생활비를 위해 세금을 내야 하는데, 왜 목사는 학교 교사를 위해 세금을 내지 않는지 나는 그 이유를 알 수 없었다. 왜냐하면 나는 주 정부에 속한 교사가 아니고 자발적인 기부금으로 생활했기 때문이다." < 48쪽 >

그는 수동적으로 모든 것을 수용하는 그런 사람이 아니었다. 항상 비판적인 사고를 하며, 모든 것을 근본부터 다시 생각하는 사람이었다. 그냥 기존에 누군가가 정해 놓은 것이기 때문에 그대로 따라야 하고, 수용해야 하고, 받아들여야 한다는 것을 거부했다.

' 나는 누구에게 강요받기 위하여 이 세상에 태어난 것

은 아니다. 나는 내 방식대로 숨을 쉬고 내 방식대로 살아갈 것이다. '

소로우는 정부와 개인은 둘 다 각자의 법칙에 따라 살아가야 하지만, 어느 한 쪽도 다른 한 쪽을 위해 희생될 필요는 없다고 말한다.

한 알의 도토리와 한 알의 밤이 나란히 땅에 떨어졌을 때, 한쪽이 잘 자라도록 다른 쪽이 양보하여 성장을 멈추고 있는 것을 그는 본 적이 없다고 한다. 둘 다 각자의 법칙에 따라 싹이 트고 자라서 커질 만큼 커지다가 어느 한 나무가 다른 나무를 그늘로 가려 죽게 만들고야 말겠지만, 무엇이든 자신의 천성에 따라 살게 되고, 그렇게 살지 못 하면 죽게 된다는 것이다.

그렇기 때문에 사람도 마찬가지로 그렇게 자신의 천성대로 살아야 하고, 자신의 법칙에 따라, 살아야 한다. 하지만 정부는 그것을 방해하고 있다는 것이다.

그는 책의 후반부에 이렇게 말한다.

" 엄정하게 말하면, 정부는 피통치자의 허락과 동의를 받아야 한다. 정부는 내가 허용해준 부분 이외에는 나의 신체나 재산에 대해서 순수한 권리를 가질 수 없다. 전제 군주제에서 입헌군주제로, 입헌군주제에서 민주주의로 진보해온 것은 개인에 대한 진정한 존중을 향해 온 진보이다. 중국의 철인조차도 개인을 제국의 근본으로 볼 만큼 현명했다." < 68쪽 >

결론은 개인이 정부에 우선해야 한다는 것이다. 정부를 위해 개인을 희생시키지 말라는 것이다.

그래서 그가 꿈꾸는 정부는 일부 소수의 사람들이 국가에 대해 초연하며, 국가에 대해 참견하지도 않고, 국가의 간섭을 받지도 않고 살더라도 이웃과 동포에 대한 의무를 다하는 한 그들이 국가의 안녕을 해치는 자들이라고 생각되지 않는 정부이다.

사람 하나라도 부당하게 가두는 정부는 결코 정부가 아니라고 말한다. 그런 정부 밑에서는 오히려 의로운 사람들이 진정으로 있을 곳은 감옥뿐이라고 그는 말한다.

그의 이러한 말들은 우리가 어떠한 정부 밑에서 어떤 삶을 살아나가야 할 것인가에 대해 깊게 생각하게 해 준다.

– 우리는 먼저 인간이어야 한다.

그는 우리가 국민이기 이전에 인간이어야 한다고 주장한다. 인간이기보다 국민을 강조한 나머지 많은 사람들이 인간이 아닌 기계로서 국가를 섬기게 되었다고 말한다.

" 이처럼 수많은 사람들이 인간으로서가 아니라 기계로서 자신의 육신을 바쳐 국가를 섬기고 있다. 상비군, 예비군, 간수, 경찰관, 민병대 등이 바로 그런 사람들이다. 대부분의 경우 그들이 판단력이나 도덕 감각을 자율적으로 사용하는 일은 전혀 없으며 오히려 그들 스스로가 자신을 나무나 흙이나 돌과 같은 위치에 놓아버린다. 그래서 나무로 사람을 깎아 만들더라도 그들이 하는 일을 해내는 데는 별 지장이 없을 것이다." < 23쪽 >

이렇게 살아가는 사람들의 가장 큰 특징은 별로 큰 가치가 없다는 것이다. 누구나 그런 위치에 있게 되면 다 할 수 있는 그런 일이기 때문이다. 심지어 나무나 기계로 만들 수 만 있다면 충분히 그런 기계나 나무도 해낼 수 있는 그런 일을 하는 데 아무 지장이 없을 정도로 특별하고 고유한 인간의 일이 아니라는 것이다.

그래서 결과적으로 이런 사람들은 짚으로 만든 사람이나 흙덩이 이상의 존경을 받을 자격이 없다고 그는 말한다. 그들의 값어치는 말이나 개보다 더 나을 것이 없다고 말한다.

"극소수의 사람들만이 참다운 의미의 영웅, 애국자, 순교자, 개혁가로서 그리고 인간으로서 그들의 양심을 가지고 이바지한다. 그런데 그렇기 때문에 그들은 필연적으로 국가에 저항하게 되는 경우가 대부분이며, 따라서 국가로부터 흔히 적으로 취급을 받는다." < 24쪽 >

명심하자.

우리는 먼저 인간이어야 한다. 그리고 참다운 인간은 오직 사람으로만 살아가고, 쓰이기를 바랄 뿐이다. 기계가 되어, 부품이 되어, 큰 기계의 부속품이 되거나, 무엇을 막거나 지탱하는 데 사용되기를 바라지 않아야 한다.

하지만 많은 사람들이 지금 정부라는 큰 기계의 부속품이 되고, 무엇인가를 막거나 지탱하는 데 쓰이고 있다고 그는 말한다.

그가 한 말 중에 아주 의미심장한 문장이 있다. 가장 인상적인 문장이다.

" 같은 인간을 위해 자기 자신을 모두 내주는 사람은 쓸모없는 이기주의자로 보이지만, 자기 자신의 일부만을 주는 사람은 자선가나 박애주의자라고 불린다." < 24쪽 >

정말 평생을 국가라는 정부의 기계나 부속품으로 살아온 사람들은 정말 쓸모없는 존재로 우리는 생각하는 경향이 있는 것이 사실이다. 전쟁에서 정말 목숨을 버리는 쪽은 한 두 명의 장군이 아니라 수 천 명의 장병들이다. 하지만 전쟁 승리의 영광과 공은 장군에게만 돌아간다.

장군은 거의 대부분의 경우, 목숨까지 바치지 않는 다. 작전에 실패해도 목숨을 버릴 필요가 없다. 하지만 장병들은 하루에서 수 십 번 가장 중요한 목숨을 내 던져야 한다. 여기서 문제가 발생하는 것이다.

뭔가 잘못된 것이다. 소로우는 이런 사실을 꿰뚫어 봤다. 그래서 이 책이 놀라운 책이고, 인류 역사를 바꾼 책이 되는 것이다.

소로우는 그 당시 미국 정부 아래에서 살면서 많은 고뇌와 사색을 했다.

그가 고민한 것들 중에서 가장 중요한 것은 바로 ' 자신이 살고 있는 바로 그 시대의 그 정부 밑에서 어떻게 처신하는 것이 한 인간으로서 올바른 자세인가?' 하는 것이었다.

그는 주저 없이 대답한다.

" 수치감 없이는 이 정부와 관계를 가질 수 없노라고 말이다."

우리가 살아가야 하는 이 시대가 그가 살았던 그 시대의 그 정부보다 더 나은 것이 하나도 없다고 생각하는 것이 크게 이상하지 않을 정도로 이 시대는 엉망이다.

 하지만 그럼에도 우리는 먼저 인간이어야 한다. 그리고 우리가 추구해야 할 것은 이것 하나뿐이다.

 ' 어떻게 살아가는 것이 인간으로 올바르게 처신하며 살아가는 것일까?'

 분명한 것은 누군가에게 강요받기 위하여 이 세상에 태어난 것은 아니라는 사실이다.

" 하루에도 창자가 아홉 번씩 끊어지는 듯하고 집 안에 있으면 갑자기 망연자실하고 집 밖을 나서면 어디로 가야 할지를 알지 못합니다. 매번 이 치욕을 생각할 때마다 땀이 등줄기를 흘러 옷을 적시지 않는 적이 없습니다."

< 사마천, [사기서] 민음사, 361쪽, 2011년 >

제3장. 어떻게 살아가야 할까? _ 사기열전

  " 하루에도 창자가 아홉 번씩 끊어지는 듯하고 집 안에 있으면 갑자기 망연자실하고 집 밖을 나서면 어디로 가야 할지를 알지 못합니다. 매번 이 치욕을 생각할 때마다 땀이 등줄기를 흘러 옷을 적시지 않는 적이 없습니다."   < 사마천, [사기서] 민음사, 361쪽, 2011년 >

  " 대체로 일반 백성은 상대방의 재산이 자기보다 열 배 많으면 몸을 낮추고, 백 배 많으면 두려워하며, 천 배 많으면 그의 일을 해 주고, 만 배 많으면 그 하인이 된다. 이것이 사물의 이치다."   < 사마천, [사기열전 2], 민음사, 857쪽, 2007년 >

– 세계인의 고전 [사기]에 대해서

[사기]는 단 한 권의 책이 아니다. [사기]는 모두 백삼십 편, 오십이만 육천오백 자에 이른다. 여기에 중국 정부는 몇 자를 더 추가하여 이제는 오십오만 오천육백육십 자에 이르게 되었다.

[사기]는 '본기' 열두 편, '표' 열 편, '서' 여덟 편, '세가' 서른 편, '열전' 일흔 편 으로 구성되어 있다.

보통 사람들이 [사기]를 읽었다고 하면, [사기열전]을 말할 것이다.

[사기]는 역사적인 의미도 깊지만, 세계인의 고전이라고 해도 전 세계인들 모두 이의가 없을 정도로, 세계적인 고전으로 평가받고 있는 것이 사실이다.

왜냐하면 [사기]라는 역사서가 단순히 시간의 흐름을 보여주는 책이 아니라 그 시대의 사회 구조와 그 내부 양상의 발전과 변화를 통해 각 인물과 사건 등의 사실과 상황의 역사적 충위를 부여했기 때문이다.

뿐만 아니라 우리가 고전 중에서도 고전인, [사기]를 꼭 읽어야만 하는 이유가 적지 않음을 알아야 한다.

[사기]는 궁형이라는 죽음보다도 더한 형벌을 당한 한 인간의 처절한 삶과 사명과 그러한 삶을 통해 우러나오는 살아있는 탁월한 통찰력으로 완성된 책이다.

그렇기 때문에 [사기]는 단순히 그저 역사서가 아니다. 한 인간의 뜨거운 피가 흐르는 피로 쓴 한 편의 대서사시인 것이다.

[사기]는 사마천이 자신의 아버지 사마담의 유언에 따르고자, 궁형이라는 죽음보다 더 한 치욕과 고통을 딛고 저술한 통사체 역사서이다.

이 책은 전설의 황제黃帝 시대로부터 한 무제 때까지 2000년을 아우르고 있는 거대한 역사서이다.

사마천은 이 책을 통해 시대에 맞선 자와, 시대를 거스른

자, 그리고 시대를 비껴간 자들을 세상을 알리고자 했다. 그리고 그러한 행동은 모두 우리가 '어떤 방식으로 살아가야 할까?' 라는 물음에 대해 스스로 해답을 구하고 인생과 세상과 인간에 대해 교훈을 얻을 수 있도록 해 주었다.

그런 점에서 필자는 사마천의 [사기]와 같은 책의 역사적 의미와 가치를 높게 평가하고 싶다.

[사기]는 역사서이기 이전에 한 인간의 인생과 고통과 치욕이 고스란히 담겨 있는 책이기도 하다. 그럼에도 불구하고 [사기가 세상에 나오고도 오랫동안 이 책은 빛을 보지 못 하고 수많은 역사가들에게 소외를 당한다.

하지만 그런 인내의 시기에도 불구하고, [사기]는 최고의 역사서로 자리매김한다. 그렇게 할 수 있었던 것은 인생에서 가장 치욕스러운 형벌 중에 하나인 궁형을 당한 한 인간의 세계관과 인생관 위에 개인적인 비극과 역사적 사건들을 역사의식과 세계관으로 승화시켜 시대를 살다 간 인물을 아주 사실적으로 조망해 나갔기 때문일 것이다.

사마천만이 가지고 있는 독특한 인생관과 세계관, 그리고 그만이 가지고 있는 사료 비판 능력이 2000년 동안의 수많은 역사와 만나서 [사기]라는 대작이 탄생하게 된 것이다.

[사기]에 대해서, 일본 내에서 중국 고전 연구의 1인자로 평가 받고 있는 모리야 히로시는 자신의 저서를 통해, 이렇게 평가한 적이 있다.

" [사기]는 중국을 대표하는 역사서일 뿐 아니라 세계를 대표하는 고전이라 할 만하다. [사기]에서 다룬 시대는 신화 시대부터 사마천이 살던 한나라 시대까지 2,000년이 넘으며, 인물은 왕과 제후부터 일반 백성까지 수천 명 남짓 등장한다. 주제 역시 다양해 정치, 경제, 군사, 천문, 지리, 음악, 점술 등 인간 활동에 관련한 모든 지혜를 다뤘다. 한 마디로 [사기]는 중국이라는 세계를 무대로 한 인간 백과사전이라 할 수 있다. " < 모리야 히로시, [사기, 성공의 원칙을 말하다], 랜덤하우스, 2011년, 7~8쪽 >

[사기]는 위대한 역사서 이면서 동시에 매우 흥미진진하다는 점에서 문학으로서의 역할도 한다. 그리고 이것은 바로 사마천의 남다른, 시대를 앞선 뚜렷한 개성이 이 책에도 오롯이 담겨 있기 때문이라고 필자는 생각한다.

- 역사를 안다는 것은 인생을 두 배로 사는 것이다.

" 신이 듣건대 깃털도 많이 쌓으면 배를 가라앉히고, 가벼운 물건도 많이 실으면 수레의 축이 부러지며, 여러 사람의 입은 무쇠도 녹이고, 여러 사람의 비방이 쌓이면 뼈도 녹인다고 합니다."   < 사마천, [사기열전 1], 민음사, 275쪽, 2007년 >

' 사명을 위해, 치욕을 견디어 낸 사나이' 라고 할 수 있는 사마천은 남자로서 가장 수치스러운 궁형을 당하고도, 자신의 사명을 다했고, 아버지의 유언을 받들어 지켰다. 그래서 평생 동안 이 일에 모든 것을 걸었다.

그 결과 '모든 유형의 인간의 백과사전'이라고 할 만큼 방대한 저작인 [사기]가 탄생하게 되었던 것이다.

책을 많이 집필하다 보면, 문득 '작가는 인생을 두 번 사는 사람'인 것 같다는 생각이 든다. 그만큼 책을 쓴다는 것은 쉽게 잊힐 수 있는 모든 삶을 두세 번 이상 곱씹어 보면서 성찰을 해야 한다는 것을 의미한다.

이와 마찬가지로, 아니 오히려 더 심하게 인생을 두 번 혹은 세 번 사는 방법이 있다. 바로 '역사'를 아는 것이다.

수많은 사람들이 어떻게 살았고, 어떤 삶을 추구했으며, 그 결과 어떤 인생을 살아낼 수 있게 되었는지를 많이 안다면, 그 사람은 시행착오를 줄일 수 있게 된다. 그뿐만 아니라 자신이 지금까지 살아보지 못했던 것들에 대해서도 간접적으로 이미 살아 본 것과 다를 바 없게 된다.

역사를 안다는 것은 바로 이런 점에서 인생을 남들보다 두 배로 사는 것이라고 말하고 싶다.

역사를 모르는 사람들은 인간과 세상에 대한 통찰력이 부족할 수밖에 없다. 인간과 세상에 대한 통찰력을 기를 수 있는 가장 좋은 방법은 인간과 세상에 대한 탐구서이기도 한 역사책을 가까이 하는 것이다.

사마천이 보임안서에 남긴 희대의 명언을 보자.

" 사람은 언젠가는 한 번 죽습니다. 태산보다 무거운 죽음도 있고, 새털보다 가벼운 죽음도 있습니다."

이 명언은 이제 너무나도 유명해 져서 따로 출처를 밝히는 것이 무의미할 뿐이다. 역사를 안다는 것은 역사속의 수많은 인물들의 삶과 죽음을 통해, 자신의 인생을 새털보다 가벼운 삶에서 태산보다 무거운 삶으로 살아갈 수 있게 한다는 것을 의미한다.

그런 점에서 우리가 반드시 읽어야 할 책은 고전이며, 고전 중에서도 역사인 것이다.

– 치욕 속에서 대작은 탄생한다.

비교 대상이 없는 역사서인 이 [사기]는 과연 어떻게 해서 한 인간에 의해서 탄생할 수 있었을 까?

사마천은 또 왜 이런 역사서를 쓰고자 했을 까?

이러한 질문에 대해 가장 잘 알 수 있게 해 주는 사람이 있다. 바로 '사마천' 연구의 세계적 석학 왕리췬 교수이다. 그가 집필한 <사기> 해석의 완결판에 해당하는 책을 보면 사마천이 [사기]를 집필한 목적에 대해 언급하고 있는 것을 알 수 있다.

" 사마천은 대단히 자부심이 강한 사람이었습니다. 스스로 '하늘과 인간의 관계를 탐구하고 고금의 변화를 통찰해내 스스로의 독특한 애기를 완성하고자 한다. ' 라고 밝히면서 [사기]를 쓰는 목적을 분명히 하고 있습니다."   <   왕리췬, [사기강의], 김영사, 10쪽, 2011년 >

하지만 평범한 사관들도 모두 이러한 포부는 하나씩 있

었다. 실제로 사마천은 일생을 바꾸는 끔찍한 사건이 있기 전에는 평범한 사관에 불과 했다고 말할 수 있다. 하지만 그 하나의 사건을 통해 사마천은 평범한 사관에서 위대한 사관으로 변모될 수 있었다.

그 사건은 바로 이릉 장군의 투항에 대해 자신의 솔직한 의견을 한무제에게 말한 것이 화근이 되어, '황제를 무고했다' 라는 죄명을 뒤집어쓰고, 사형수가 된 사건이었다.

한나라의 유명한 명장인 이광의 손자, 이릉은 누군가의 부대의 후방 보급을 담당하는 장군으로 만족할 수 없었다. 그래서 한무제에게 후방의 보급부대의 장군직을 사양하겠다고 말하고, 직접 출정을 하겠다고 우겼던 것이다.

결국 이릉은 출정을 할 수 있게 되었고, 일당백의 군사 5,000명만 데리고 흉노의 심장부까지 전진하여, 며칠간이나 수만의 흉노군과 용맹하게 싸웠다. 그 덕분에 거의 다 이겨가고 있었지만, 부하 한 명이 직속상관에게 수모를 당한 것에 앙심을 품고 흉노 진영에 이릉 부대의 형편과 군사 비밀을 깡그리 폭로하게 되자, 전세는 갑자기 역전 되어, 결국 이릉은 투항할 수밖에 없게 되었던 것이다.

 이항의 투항에 대해 한무제는 수치심과 분노를 떨치지 못하고 있었고, 이때 사마천이 이릉을 변호하는 듯한 발언을 해 버린 것이다.

 그리고 그 말 한마디로 사마천은 일생에 지울 수 없는 일을 겪게 되었던 것이다. 바로 사형이라는 엄청난 형벌이었다.

 이 시대에 사형수들은 세 가지 선택을 할 수 있었다. 첫째는 말 그대로 ' 법에 따라 사형을 당하는 것' 이다. 두 번째는 현재 시세로 대략 20억 원 이상 되는 거금인 50만 전을 내는 것이다. 세 번째가 바로 ' 남자의 성기를 거세하는 궁형' 을 받는 것이다.

 평범한 사관에 불과했던 사마천이 이런 거금을 구할 길은 없었다. 그렇다고 순순히 사형을 당할 수도 없었다. 아버지의 유언이기도 한 역사서 편찬을 마무리 짓지 못

했기 때문이다.

하지만 궁형을 자청한다는 것은 죽음보다 더 한 수치를 안고 평생 살아가야 한다는 것을 의미한다. 천하의 조롱거리가 되어야 하고, 죽음이 두려워 수치스러운 선택을 했다는 손가락질도 평생 받아야 한다.

생각해 보자.

궁형은 자청해서 받는 것은 선조를 욕되게 하는 것 중에서도 가장 으뜸 일 것이고, 궁형만큼 치욕적인 굴욕은 또 없을 것이다. 궁형을 당한 후 사마천이 자신의 심정을 친구인 임안에게 보낸 편지를 통해 잘 말한 적이 있다.

사마천이 친구인 임안에게 보낸 편지인 [보임안서]에 이런 기록이 있다.

" 내 간장은 아침저녁으로 아홉 구비로 꼬입니다. 집에 있으면 정신이 멍합니다. 밖에 나가면 어디로 가야 할지 막막합니다. 제가 당한 자궁의 수치를 생각할 때마다 등에 식은땀이 흥건하게 흘러내려 옷을 적시곤 합니다."

<   왕리췬, [사기강의], 김영사, 16쪽, 2011년 >

 궁형을 당한 후 사마천은 그 고통의 두께와 깊이만큼 전혀 다른 사람으로 변모되었던 것이다. 정확하게 말하면 죽었다가 다시 태어난 것과 다를 바 없는 것이다.

 그만큼 그는 세상을 이제 다른 시각으로, 새로운 인식을 가지고 바라볼 수 있게 되었고, 가장 밑바닥 시선으로 역사를 기록하고 평가할 수 있게 되었던 것이다.

 궁형을 통해 죽었다가 다시 태어난 사마천은 역사에 길이 남을 대작을 탄생시킬 수 있는 위대한 영혼으로 도약했다.

 [맹자]에 나오는 이 말을 나는 좋아한다. [맹자]의 고자장구하(告子章句下)에 보면 다음과 같은 문장이 나온다.

 "하늘이 장차 어떤 사람에게 큰일을 맡기려고 할 때는 반드시 먼저 그의 마음을 괴롭게 하고 뜻을 흔들어 고통스럽게 하고, 그 몸을 지치게 하며 육신을 굶주리게 한다. 또한 생활을 곤궁하게 하여 하는 일마다 뜻대로 되지 않게 한다. 그러한 이유는 이로써 그 마음의 참을성을 담금질하여 비로소 하늘의 사명을 능히 감당할 만하도록 역량을 키워서 전에는 이룰 수 없던 바를 이룰 수 있도록 하기 위함이니라."

하늘이 어떤 사람에게 중책을 맡기려고 할 때는 반드시 먼저 그 사람의 마음을 괴롭게 하고, 하는 일마다 안 되게 하여, 힘들고 피곤하게 만든다는 의미의 말이다.

평범한 사관에 불과했던 사마천은 궁형이라는 형벌을 통해 마음이 괴롭게 되고, 고통스럽게 되어, 무엇을 해도 하는 일마다 뜻대로 되지 않는 그런 비참한, 밑바닥 삶을 경험하게 되었던 것이다.

바로 그러한 고통과 아픔, 죽음보다 더한 치욕과 비운이 그로 하여금 하늘이 그에게 내려준 사명을 능히 감당해 낼 수 있는 위대한 인물이 될 수 있는 역량을 키울 수 있도록 해 주었던 것이다.

자! 독자 중에도 자신이 하는 일마다 안 되고, 걸핏하면 욕을 먹고, 마음이 괴롭고 고통스러운 일로 가득 차

있는 사람이 있는가? 그렇다면 너무 가슴 아파할 것이 없을 것 같다. 하늘이 장차 큰 일을 맡기려고 하는 것인지도 모르기 때문이다.

필자는 정말 그런 적이 있었다. 삼성이라는 큰 회사에서 일은 잘했지만, 성과나 평가는 이상하게도 엉망이었고, 심지어 '삼성인상'을 받게 되었는데도, 누군가가 그 상을 사내 정치를 통해 가로채 갔던 적이 있었다.

– 천하 경영의 왕도가 담겨 있다.

인간학의 보고이자, 세상사의 탐구서인 [사기]를 최소한 열 번 정독해 보라. 그렇게 하면 천하 경영의 원리를 꿰뚫어 볼 수 있는 경영의 신이 될 것이다. 거짓말이 아니다. 허풍도 아니다.

10번만 정독을 해 보기 바란다. 하지만 한국인들의 평균 독서 실력이 분당 150글자밖에 되지 못하기 때문에 사마천의 사기를 한 번 정독하려면 최소한 한 달 이상 걸린다. 그런데 인내심이 부족하기 때문에 중간에 포기하는 사람이 90%이다.

그래서 독서 실력이 매우 중요하다. 250에서 300페이지가 되는 보통 정도의 양의 책을 독파하는 데 한국인들은 평균 10시간 이상 걸린다. 하지만 독서 실력을 2배만 향상시켜서, 5시간에 한 권을 독파하게 된다 해도, 이것은 1년 혹은 3년 동안 하루에 한 시간씩만 독서를 했다고 해도 엄청난 차이를 만들어 낼 수 있다.

그렇기 때문에 독서 습관보다 더 중요한 것이 독서력을 먼저 향상시키는 것이다. 필자가 하고 있는 독서 혁명 프로젝트는 미국에서 20년 전에 했던 독서 세미나와 비슷한 성격을 가지고 있지만, 그 내용이나 수준은 미국을 훨씬 넘어서고 있다.

[사기]를 제대로 읽으면, 절대 남들에게 사기를 당하지 않을 수 있다. 왜냐하면 인간학의 보고인 이 책을 통해 상대방을 어느 정도 꿰뚫어 볼 수 있기 때문이다.

또한 이 책을 통해 경영을 잘할 수 있다. 그리고 그 이유는 경영의 핵심은 뛰어난 시스템 구축이나 아이디어, 경영 전략이 아니라 사람이기 때문이다.

과거에 왕이 되기 위해 필요했던 것은 용맹이나 지략이 아니라 사람의 마음을 얻고 사람을 얼마나 잘 활용하고, 얼마나 많은 이들이 모여들게 하느냐인 것이다.

이런 것에 항우가 실패했기에 항우는 패자가 되었던 것이다. 항우는 20대 중반에 특유의 강인함과 용맹함으로

초의 실권자가 죽었을 때, 초의 전군을 장악할 수 있었다.

항우가 이처럼 강력한 세력을 얻게 되자 우수한 인재들이 앞 다퉈 몰려들었다. 진평, 한신, 범증 등과 같은 훌륭한 인물들이었다.

하지만 결정적으로 항우는 이들의 마음을 사로잡지 못하는 그런 작은 그릇이었던 것이다.

이것이 항우의 가장 큰 패인이었다.

항우를 개인적으로 평가하자면 정말 대단한, 출중한 인물이다. 그가 가진 용맹함과 강인함은 한 마디로 최고였다. 하지만 그것만으로 인간 경영을 이룰 수 없는 것이다.

'파부침선' 이라는 계책을 실천해서, 전쟁을 승리로 이끄는 훌륭한 장군이었던 그는 장군으로서는 비범했지만, 인간 경영이 모든 세상사에 가장 핵심이었음을 깨닫지 못한 수많은 범인 중에 한 명이었던 것이다.

항우는 40만 대군이 있었고, 유방은 겨우 10만 대군밖에 없었을 때, 항우가 유방을 죽이려고 했지만, 우유부단한 성격 때문에 쉽게 설득을 당해, 죽일 수 있는 절호의 기회를 낭비하게 되었다.

항우와 유방이 싸우면 번번이 유방이 패한다. 하지만 결국 마지막 전투에서 유방이 이기면서 천하를 차지하게 된다.

수많은 전쟁에서 승리하고도, 천하를 뺏기게 되는 항우에게는 치명적인 결함이 있었다. 바로 인간 경영 능력이 부족하다는 것이다.

인간 경영의 핵심은 신뢰와 존중이며, 유능한 인재의 활용이다. 그런데 유방은 바로 이런 것들을 절대 하지 못했다.

유방은 절대 부하를 믿지 못 한다. 그리고 유능한 인재를 좀체 등용하지 못 한다. 기질 탓이라고 할 수 있다.

유방과 항우의 초반에는 압도적으로 항우가 우세했다. 천하의 모든 인재가 항우에게 떼를 지어 몰려왔다. 그런데 막상 항우를 겪어 보니, 천하를 거머쥘 그릇이 아니었다.

결국 항우에게 몰려들었던 인재들은 다시 유방에게 몰리게 되었던 것이다. 유방의 치명적인 결함은 자신의 지략과 용맹만 믿고, 부하들의 지략과 용맹을 무시하고, 과거의 실패와 실수를 스승으로 삼지 않았다는 것이다.

물론 항우는 한 시대를 풍미한 영웅 중 영웅이었다. 그럼에도 불구하고 인간 경영의 원리를 좀 더 빨리 깨닫고, 사람들의 마음을 얻고, 유능한 인재들을 활용할 줄 알았다면 천하를 유방에게 뺏기지 않았을지도 모른다.

역사서를 통해 우리는 이와 같은 교훈을 아주 쉽고 편하게 빨리 깨우칠 수 있다. 누군가가 평생을 고생하면서 삶의 마지막에 깨우칠 만한 아주 귀한 교훈을 우리는 그 자리에서 깨우칠 수 있게 되는 것이다.

그런 점에서 고전을 읽지 않는 것은 인생의 가장 큰 낭비인 것이다.

– 냉혹한 세상에서 자신을 지켜 내는 지혜를 갖추다.

세상은 냉혹하다. 그래서 자신을 지켜 내지 못하는 자들은 하루아침에 망할 수밖에 없다. 그렇다면 자신을 지켜 낸다는 것은 어떤 것일까?

남들보다 능력이 뛰어나거나 재주가 비상하거나 똑똑한 사람들이 자신을 잘 지켜 낼 수 있는 것일까?

절대 아니다. 오히려 남들보다 능력이 뛰어나 큰 공을 세우고, 재주가 비상하거나 똑똑하여 큰일을 해 낸 사람들이 자신을 지켜 내지 못하고 형장의 이슬로 사라지거나 패가망신한 경우가 훨씬 더 많다.

그렇다면 왜 이런 일들이 많이 일어나는 것일까? 이들이 모두 처세를 잘 못 했기 때문일까? 아니다.

처세를 잘못 해서가 아니다. 자신을 지켜 내는 지혜를 갖추지 못했기 때문에 제대로 냉혹한 세상의 공격을 버티어 낼 수가 없게 되었기 때문이다.

처세를 잘 한다는 것은 고작 회사에서 승진하는 데 도움이 되거나, 성공하는 데 도움이 된다. 하지만 자신을 지켜 낸다는 것은 더 큰 차원의 일이다. 여기에는 지혜가 필요하고, 지략이 필요하다.

자신을 지켜내는 지혜를 갖춘 사람으로 우리는 유방의 보좌관이었던 소하를 들 수 있다. 그리고 반대로 뛰어난 능력과 재주로 큰 공을 세웠음에도 자신을 지켜내는 지혜를 갖추지 못 해 형장의 이슬로 사라진 사람으로 한신을 들 수 있다.

먼저 소하의 경우를 보자.

유방과 소하는 허물없는 사이다. 서로 신뢰가 매우 두터운 사이이기도 했다. 하지만 소하가 이것만 믿고 그대로 아무 생각 없이 자신에게 주어진 일들만 성실히 하면서 살았다면, 머지않아 자신은 말할 것도 없고, 친족들도 제거당했을 것이다.

하지만 소하는 자신을 지켜 낼 수 있는 지혜를 갖춘 사람이었다.

그 지혜의 핵심은 자신의 몸을 낮추는 것이다.

유방이 황제로 즉위한 뒤, 여기저기서 반란이 끊이지 않았다. 그 때 마다 유방은 몸소 군대를 이끌고 진압에 나섰고, 유방이 자리를 비울 때 마다 소하에게 그 빈자리를 맡겼던 것이다.

 소하는 재상이자 일등 공신이었다. 신하로서 더 이상 올라갈 곳이 없는 신분이었다. 또한 백성들이 소하를 진정으로 존경하고 따르고 있다.

 바로 이것이 큰 화근이라는 것을 깨닫는 사람은 아무도 없을 것이다. 하지만 역사서를 많이 읽어 보면, 바로 이런 것들이 형장의 이슬로 사라지게 만드는 가장 큰 위험 요소라는 사실을 알 수 있게 된다.

 혁혁한 공을 세운 개국 공신들과 장수들이 개국 후에 왕으로부터 다 제거 되는 이유가 바로 이런 요소들 때문이다.

왕의 입장에서 자신의 부하인 재상이나 개국 공신이 자신보다 더 백성들로부터 존경을 받고, 명성이 드높게 되면, 부담이 되는 위험인물인 것이다.

그리고 바로 이때, 개국 공신들이나 재상들은 자신의 몸을 낮추고, 직위를 이 핑계 저 핑계를 대고 그만두고, 낙향하여 조용히 사는 것이 자신의 몸을 지켜 내는 지혜인 것이다.

하다못해, 백성들로부터 존경 대신 불평을 일부러 얻도록 하는 것도 또 다른 하나의 지혜인 것이다.

소하는 바로 이런 지혜를 갖추고 있었던 것이다.

유방이 멀리 반란을 진압하러 갔을 때, 소하는 일부러 광대한 논밭을 아주 싸게 깎아서 사들인 후, 지불을 미루었던 것이다.

스스로 자신의 평판을 약간 떨어뜨렸던 것이다. 유방이

되돌아왔을 때, 백성들의 원성이 높은 것을 알게 되면, 내심 좋아할 것이기 때문이다. 일단 신하가 자신보다 더 평판이 좋은 것은 무조건 부담이 되기 때문이다.

군주와 제2인자는 아무리 신뢰가 깊은 사이라고 해도, 대립하는 일이 자주 생기기 때문에 원만하게 지내기 어렵다. 하지만 소하는 자신을 낮추는 지혜를 갖춘 자이었기 때문에 편안히 죽음을 맞이할 때 까지 재상 직을 계속해서 맡아 할 수 있었다.

소하와 반대되는 인물이 바로 한신이었다. 한신은 위대한 장군이었고, 지략가이다. 하지만 개인의 일 처리는 치졸하다고 할 만큼 지혜가 부족했다. 결국 역모를 꾸민 죄로 형장의 이슬로 사라졌다.

군사령관으로서 유방이 천하를 통일하는 데 가장 크게 공을 세운 장군인 한신이 처세술에 뛰어나지 못해 이런 일을 당한 것이 아니다.

그는 누구보다 처세술이 뛰어난 인물이기도 했다, 젊은 시절 건달들이 시비를 걸자, 건달들의 가랑이 사이를 보란 듯이 기어갈 정도로 처세술의 대가였다.

하지만 처세술보다 더 중요한 것은 자신을 지켜 내는 지혜를 갖추는 것이다. 그것은 세상에서 큰 공을 세웠을 때, 높은 자리에 있을 때, 필요한 것이다.

자신을 낮출 줄 아는 지혜가 있다면, 당신은 아무리 큰 성공을 해도 문제가 없을 것이다. 처세술은 낮은 자리에서 높은 자리로 올라갈 때 필요한 것이지만, 자신을 지켜 내는 지혜는 높은 자리에서 냉혹한 세상에 당하지 않고 자신을 지켜 내야 할 때 필요한 것이다.

- 마음속에 맺힌 울분을 토로하기 위해 [사기]를 짓다.

사마천의 이릉의 화를 당한 후 세상에서 물러나 깊이 생각한 끝에 이렇게 말한다.

" 옛날 서백은 유리에 갇혀 있으므로 [주역]을 풀이했고, 공자는 진나라와 채나라에서 고난을 겪었기 때문에 [춘추]를 지었으며, 굴원은 쫓겨나는 신세가 되어 [이소]를 지었고, 좌구명은 눈이 멀어 [국어]를 남겼다.

손자는 다리를 잘림으로써 [병법]을 논했고, 한비는 진나라에 갇혀 [세난] 과 [고분] 두 편을 남겼다. [시] 300편은 대체로 현인과 성인이 발분하여 지은 것이다. 이런 사람들은 모두 마음속에 울분이 맺혀 있는데 그것을 발산시킬 수 없기 때문에 지나간 일을 서술하여 앞으로 다가올 일을 생각한 것이다. "   < 사마천, [사기열전 2], 민음사, 882쪽, 2007년 >

사마천은 마음속에 맺힌 울분을 토로하여, 모두 130편의 [사기]를 완성시켰다.

 그가 지은 130편중에서 가장 뛰어난 한 편은 무엇일까? 물론 지극히 개인적이고 주관적인 취향의 문제일 것이다. 그럼에도 필자는 한 편만을 선택하라고 한다면, 주저하지 않고, '사기열전' 70편중에서도 가장 먼저 나오는 '백이열전'을 선택할 것이다.

 '백이열전'의 핵심적인 내용은 고죽국 군주의 두 아들인 백이와 숙제가 군주가 되는 것을 서로 양보하고, 주나라의 서백창이 늙은이를 잘 모신다는 소문을 듣고 그를 찾아가서 몸을 맡기려고 했지만, 서백창은 이미 죽고 없었고, 마침 주나라 무왕이 아버지가 돌아가셨는데도 장례를 치르지 않고 바로 전쟁을 일으키는 것을 효라고 할 수 없음을 충언을 했지만, 주나라 무왕은 자신의 잘못을 고치지 않았다.

 이에 백이와 숙제는 주나라 백성이 되는 것을 부끄럽게 여기고, 지조를 지켜 주나라 곡식을 먹지 않고, 수양산에 은거하면서 고사리를 뜯어먹으며 배를 채우다가, 결국은 굶어죽었다.

 말세에는 모두 이익을 다투고, 부귀영화에 눈이 멀지만, 오직 백이와 숙제만은 이익이나 부귀영화보다 의를 지키고, 세상의 부질없는 것들을 차지하기 위해 다투지 않았다.

군주의 자리를 마다한 것은 나라를 양보한 것이며, 수양산에서 굶어 죽은 것을 의를 지키기 위한 것이었다. 그렇기에 천하가 그들을 칭송할 뿐이다.

사마천의 [사기]의 매력은 바로 이런 것이다. 다양한 인간학의 보고라는 점이다.

[사기]은 다양한 인간 군상들을 보여 줌으로써 우리에게 어떻게 살아가야 할 것인가에 대한 해답을 제시해 준다.

뿐만 아니라 [화식 열전]을 통해서 자본주의 사회에서 우리가 어떻게 살아가야 하며, 어떻게 돈을 벌어야 하는 것인지, 부자의 삶이란 어떤 것인지에 대해서도 많은 것을 배울 수 있다는 점에서 이 책의 위대함을 조금이라도 엿볼 수 있다.

속담에 '천금을 가진 부잣집 아들은 저잣거리에서 죽지 않는다.' 라고 했다. 그런데 정말 이 말은 빈말이 아닌 것 같다. 부를 가진 자는 힘을 가진 자이다. 그리고 그 힘은 저잣거리에서 죽어가도록 어쩔 수 없는 그런 무기력한 부모와 상반되는 개념이다.

특히 이 부분은 사마천 자신의 삶에 잊을 수 없는 치욕을 모면할 수 있는 기회가 될 수 있는 부자에 관한 이야기이기 때문에, 더욱더 진정성이 느껴지는 대목이었다.

사마천이 부잣집 아들이었거나 부자였다면, 궁형을 모면할 수 있었을 것이다. 하지만 거금이 없었기에 죽음보다 더 한 고통과 치욕을 온몸으로, 평생 감내해야만 했던 것이다.

돈이 없어서 평생의 한이 맺혀야 했던 사마천은 자신의 울분을 [사기]를 통해 세상에 분출했다. 그리고 이 세상의 모든 사물의 이치를 돈과 결부시켜 다음과 같이 기록하기도 했다.

" 대체로 일반 백성은 상대방의 재산이 자기보다 열배 많으면 몸을 낮추고, 백 배 많으면 두려워하며, 천 배 많으면 그의 일을 해 주고, 만 배 많으면 그 하인이 된다.

이것이 사물의 이치이다." < 사마천, [사기열전 2], 민음사, 857쪽, 2007년 >

  사마천은 또한 '화식열전'을 통해 현대 자본주의적 견해를 이미 가지고 있음을 말 해 주는 것처럼 여겨지는 주장도 한다.

  물건과 돈은 흐르는 물처럼 유통시켜야 한다는 사실에 대해서도 사마천은 같은 견해를 이미 가지고 있었던 것이다.

  바로 이런 이유로, 우리가 살아가고 있는 바로 이 시대인 자본주의 시대에 우리는 어떻게 살아가야 할까? 를 고민하는 독자들이 있다면 필자는 최근에 나온 경제학 서적을 추천하기보다는 인간과 세상의 원리를 깨칠 수 있는 이 책을 먼저 추천해 주고 싶다.

에필로그 _ 흐르는 시간을 가볍게 보내지 마라.

"오늘 배우지 않으면서 내일이 있다고 말하지 말며, 올해 배우지 않으면서 내년이 있다고 말하지 마라. 해와 달은 가고 세월은 나를 기다려주지 않으니 아, 늙었도다. 이 누구의 허물인가? 소년은 늙기 쉽고 학문은 이루기 어려우니, 잠시의 시간도 가볍게 여기지 마라. 연못가의 봄풀은 아직 꿈에서 깨지 못했는데, 댓돌 앞의 오동나무 잎은 이미 가을 소리를 전하는구나."

『명심보감』「권학勸學」편과 『고문진보古文眞寶』에 담겨있는 주자朱子가 쓴 '권학문'이다.

많은 사람이 내일이 있다고 자만한다. 그래서 오늘 읽어야 할 책을 읽지 않고, 오늘 배워야 할 공부를 하지 않고, 오늘 해야 할 것들을 내일로 미룬다.

삶의 활력을 찾아주기 위한 취미생활이나 심심풀이로 하는 일들은 오늘 하지 않아도 그만이다. 하지만 오늘 읽어야 할 책을 내일로 미루는 것은 인생에 있어서 가장 큰 낭비라고 생각한다.

오늘 읽어야 할 책을 내일로 미룬다는 것은 영원히 미
룬다는 것이 되기 때문이다. 또한 오늘 읽으면 내일이 되
기 전에 좀 더 세상을 넓게 보고, 깊게 이해할 수 있는 무
시무시한 통찰력과 사고력이 생겨서, 인생을 훨씬 더 크
고 넓게 살아갈 수 있다.

하지만 오늘 읽지 않고 내일로 미루게 되면, 하루만큼
손해이다. 그런데 이것이 쌓이게 되면 나중에는 도저히
감당할 수 없을 만큼 큰 격차가 생길 수밖에 없다.

독자들이 아니라 나 자신에게 항상 다짐하고 있는 것이
이것이다.

하루하루 흐르는 시간을 절대 가볍게 보내지 않는다는
것이다.

오늘 읽어야 할 책은 반드시 오늘 읽고, 오늘 써야 할 책
은 반드시 오늘 쓴다. 이것이 필자의 원칙이기도 하다.

바로 이러한 원칙 덕분에 필자는 1년 전과 6개월 전이 엄청나게 다른 사람이 되었고, 심지어 한 달 전과 지금이 엄청나게 다른 사람이 될 수 있었다.

너무 많은 사람이 돈은 무겁게 여기면서, 그래서 돈을 가볍게 낭비하지 않으면서도 돈보다 더 중요한 시간은 너무 가볍게 보내는 듯하다.

누군가를 만나서 이야기를 나누는 것은 매우 인간적이고 좋은 것이다. 하지만 쓸데없이 잡담만 늘어놓으면서 서로의 시간만 잡아먹는 경우는 시간을 너무 가볍게 쓸모없이 보내는 것에 불과하다.

오히려 혼자 조용히 사색하고, 산책하는 것이 시간을 더 잘 보내는 것이며, 가볍게 보내지 않는 것이라고 필자는 생각한다.

사색과 산책은 매우 중요한 것이기 때문이다. 독서도 결국 사색과 산책의 연장선에 있다고 생각할 정도다.

순식간에 흐르는 시간을 너무 가볍게 보내면, 나중에

반드시 후회하게 된다. 오늘 읽어야 할 책을 오늘 읽고, 시간을 잘 보내는 사람은 절대 망하지 않는 다.

시간이 없어서 책을 읽지 못한다고 변명 같지 않은 변명을 하는 사람들을 보면 어이가 없다.

하루에 30분은 아무리 바빠도 신문을 보거나, 뉴스를 시청하고, 밥을 먹기 때문이다. 밥을 먹는 것보다, 신문이나 뉴스를 보는 것보다 인생 명저를 가까이하는 것이 훨씬 더 중요하다. 거짓말이 아니다.

많은 사람이 매일 신문이나 뉴스를 보거나 시청하는 데 30분을 투자하지만, 인생이 절대 달라지지 않았다. 하지만 누군가가 매일 30분을 투자하여 인생 명저를 탐독하게 된다면, 그 사람의 인생은 반드시 달라질 것이다. 필자가 장담할 수 있는 것 중 하나가 바로 이것이다.

필자를 믿고 인생 명저를 매일 30분씩 탐독해 보자. 인생이 달라질 것이다.

판권

종이책 : 값 11,000 원

초판 인쇄: 2025년 11월 30일
초판 발행: 2025년 11월 30일

지은이: 김병완
발행인: 플랫폼연구소

출판등록: 제 2020-000075호

전화: 010-3920-6036 / 02-556-6036
이메일: pflab2020@naver.com

주소:서울시 강남구 삼성동 116 백우빌딩 402호

ISBN 979-11-91396-94-2(03190)